TEACH YOURSELF BOOKS

ROMANIAN

A COMPLETE COURSE FOR BEGINNERS

D1027936

ROMANIAN

A COMPLETE COURSE FOR BEGINNERS

Dennis Deletant
and
Yvonne Alexandrescu

TEACH YOURSELF BOOKS

Long-renowned as the authoritative source for self-guided learning – with more than 30 million copies sold worldwide – the *Teach Yourself* series includes over 200 titles in the fields of languages, crafts, hobbies, sports, and other leisure activities.

British Library Cataloguing in Publication Data
A catalogue entry for this title is available from the British Library.

Library of Congress Catalog Card Number: on file

First published in UK in 1992 by Hodder Headline Plc, 338 Euston Road, London NW1 3BH. Second edition first published in UK 1997.

First published in US 1993 by NTC Publishing Group, 4255 West Touhy Avenue, Lincolnwood (Chicago) Illinois 60646 – 1975 U.S.A. Second edition published in US 1997.

The 'Teach Yourself' name and logo are registered trade marks of Hodder & Stoughton Ltd.

Copyright © 1992, © 1997 Dennis Deletant and Yvonne Alexandrescu

Typeset by Transet Limited, Coventry, England.
Printed in Great Britain by Cox & Wyman Ltd, Reading, Berkshire.

Impression number	10 9 8 7 6 5 4 3 2 1					
Year	2002	2001	2000	1999	1998	1997

CONTENTS

— INTRODUCTION —

This course is for those with no previous knowledge of Romanian. It has been designed for self-tuition, but may also be used for study with a teacher.

Romanian, because of its Latin origin and the fact that it has borrowed words from other Romance languages, will be recognisable to anyone who knows French or Italian. In working through this course you will find many familiar words, especially those conveying more abstract concepts, some identical in spelling with similar words used in English. This makes it relatively easy to read texts in Romanian of a non-literary nature, in particular, newspapers.

The course introduces both colloquial and written forms of Romanian. The emphasis is on learning to use Romanian in a variety of situations and each of the 20 units has been structured to this end, as you will see from the *menu* at the beginning of each one. No knowledge of grammatical terminology is presupposed; each term is defined as it is introduced although we have also added the traditional grammatical terms for those familiar with them. It is these latter terms that we have sometimes used in the index for ease of reference where there is no straightforward alternative.

One point of comfort. Romanians are extremely tolerant of those who make the effort to learn their language; do not, therefore, be over cautious about using the language for fear of making grammatical errors. Romanians themselves occasionally slip up and for that reason are sympathetic to the difficulties faced by non-Romanians.

Most of the 2,000 words introduced in the course are those frequently used in daily conversational situations. Many of the vocabulary items are listed in the **Romanian–English** and **English–Romanian Vocabulary** at the end of the book. Each unit contains its own word-list of items introduced and is more explicit about the relevant grammatical forms.

How to use this course

Each unit contains a *menu* with its contents. It will outline which tasks are presented and which situations you will be linguistically able to cope with. The unit opens with **Cuvinte cheie** (*Key words*) which will enable you to understand the words introduced in the **Explicații** and the **Dialog**. Pay careful attention to the key words, learning them in the ways suggested in Unit 1.

Explicații

Following the **Cuvinte cheie** in the initial units the **Explicații** (*Explanations*) give useful tips about pronunciation and grammar. In later units, this section gradually introduces the structures of Romanian. This will help you to understand how the language works. Such an understanding will give you the ability to use the language effectively. Mastering Romanian grammar is difficult but this section attempts to make it more accessible by providing simple explanations illustrated by numerous examples. The points raised in **Explicații** are exemplified in the **Dialog** and **Exerciții** (*Exercises*).

România și românii

Following the **Explicații** is the section **România și românii** (*Romania and the Romanians*). It contains information on aspects of Romanian history, culture and everyday life and introduces extra vocabulary.

Dialog

The **Dialog** (*Dialogue*) should be read in conjunction with the **Cuvinte**

cheie (*Key words*). Make a detailed study of it, noting all the new vocabulary and language forms. The first question of the **Exerciții** (*Exercises*) always refers to the **Dialog** and is designed to test your understanding of it. The answers are to be found at the back of the book on page 201.

A good tip for familiarising yourself with the conversational gambits in the dialogue is to read it aloud. Memorising it will also assist you in your own use of the language in relevant situations.

Remember that understanding Romanian will not by itself enable you to create Romanian fluently and accurately. Much practice is needed before you can make the leap from recognition to creation.

Exerciții

Since this is a self-instruction course, a key is provided to all the **Exerciții** (*Exercises*). This is to be found in the **Key to the exercises** starting on page 201.

The nature of the course requires you to complete the exercises in writing, but you can also do some of them orally in order to develop your spoken expertise. As you would expect, the exercises are dominated by tests on the vocabulary and structures introduced in the latest unit. There are three **Recapitulare** (*Revision*) units (**6, 13, 20**) which cover material from all preceding units. You should regard your progress with 6 and 13 as a sign as to whether you should go on to the following units. There is a great deal of grammatical material introduced in units 7 to 12 and you should not attempt this before you have familiarised yourself with the first five units.

A few words about the cassette

Although this course-book is designed to be self-contained, you will find it extremely useful to work with the cassette produced to accompany the course. The native speaker recordings on the cassette will help you to recognise and understand spoken Romanian and to reproduce pronunciation, intonation and stress that will make you intelligible to Romanian speakers. The cassette has recordings of the **Dialoguri** and highlights key words from **Cuvinte cheie**. The cassette includes some of the exercises from the book. All the answers are at the back of the book in the **Key to the exercises**.

Listen to the **Dialog** several times, paying particular care to the pronunciation and stress. See how much of the **Dialog** you can understand without consulting the text.

Copying out the **Dialog** is a useful way of checking your comprehension of it against the text.

Beyond the course book

Radio broadcasts

A valuable source of natively spoken Romanian is the radio (you cannot pick up Romanian TV in Britain). From Britain and elsewhere you can tune into the Romanian service of BBC World Service on Short Wave on 49m (6,01 and 6,05 MHz), 41m (7,21 MHz), 31m (9,75 MHz) and 25m (11,845 MHz) (times vary).

Newspapers

Romanian newspapers are not easy to acquire in Britain. You can take out a subscription to one of the most popular *România liberă* by writing to the Subscription Dept (Abonamente), România Liberă, Piaţa Presei Libere 1, Bucureşti, România (fax 00401 223 26 95).

Pronunciation

You will find a guide to pronunciation in Unit 1, on pages 9–11.

Symbols and abbreviations

This indicates that the cassette is needed for the following section.

This indicates dialogue.

This indicates exercises – places where you can practice speaking the language.

This indicates key words or phrases.

This indicates grammar or explanations – the nuts and bolts of the language.

This draws your attention to points to be noted.

1

BUNĂ ZIUA

Hello

In this unit you will learn

- to say *hello* and *goodbye*
- to say *thank you*
- to exchange greetings
- to ask people to speak more slowly
- how to pronounce Romanian sounds

Before you start

Read the introduction to the course starting on page 1. This gives some useful advice on studying by yourself and how to make the most of the course.

As you probably know, people learn in different ways: some need to know rules for everything, others like to feel their way intuitively. In this unit you'll be given the opportunity to find out what works best for you so look out for the symbol ✳.

Make sure you've got your cassette recorder 📼 next to you as you'll need to listen to **Cuvinte cheie**, **Dialog** and the section **Romanian sounds**. If you don't have the cassette use the section **Romanian sounds** on pages 9–11 to help with pronunciation.

Exercițiu   *Exercise*

Can you think of any Romanian word you know such as the words for hello and thank you? Say them aloud and look at the section **Cuvinte cheie** below to check the answers.

Cuvinte cheie
Key words and phrases

Before you listen to the tape, look back at the section **A few words about the cassette** on pages 3–4 to find out how to listen to the key words and dialogues.

bună ziua good afternoon, hello	**domnule/ domnişoară?** Do you speak English Madam/Sir/Miss?
bună dimineaţa good morning	
bună seara good evening (after 6 pm)	**Vorbiţi româneşte doamnă/ domnule/domnişoară?** Do you speak Romanian Madam/Sir/Miss?
noapte bună good night (when going to bed)	
la revedere goodbye	**Vorbiţi mai rar, vă rog.** Speak more slowly, please.
da, mulţumesc yes please	**bine** OK/well
nu, mulţumesc no thank you	**foarte bine** very well
vă rog please	**Ce mai faceţi?** How are you?
Poftim? Sorry? (when you want something repeated)	**bine, mulţumesc** well, thank you
poftim here you are	**Dar dumneavoastră?** And you?
scuzaţi sorry (to apologise)	**aşa şi aşa** so so
Vorbiţi englezeşte doamnă/	

There are several ways of learning vocabulary. Find out the way that works best for you. Here are a few suggestions.

(*a*) Say the words aloud as you read them.

(*b*) Write the words over and over again.

(*c*) Listen to the tape several times.

(*d*) Study the list from beginning to end then backwards.

(*e*) Associate the Romanian words with similar sounding words in English.

(*f*) Associate the words with pictures or situations (e.g. **bună ziua**, **bună seara** with shaking hands).

Explicaţii   *Explanations*

1 *Silent* i

As a general rule don't pronounce **i** at the end of a word i.e. vorbiţi, scuzaţi, faceţi.

2 Simple questions

The simplest way of asking something in Romanian is to raise the tone of your voice on the last syllable of the sentence: **vorbiți engleze ște?** ↑ or **poftim?** ↑

3 No thank you

If you want to refuse something in Romanian you say **nu, mulțumesc**.

Dialog   *Dialogue* ───────

Domnul Porter	Bună ziua, Doamnă Enescu.
Doamna Enescu	Bună ziua, Domnule Porter.
Domnul Porter	Ce mai faceți?
Doamna Enescu	Bine, mulțumesc. Dar dumneavoastră?
Domnul Porter	Foarte bine.
Doamna Enescu	Vorbiți bine românește!
Domnul Porter	Poftim? Mai rar, vă rog.
Doamna Enescu	Scuzați. Vorbiți bine românește!
Domnul Porter	Așa și așa.

Try to learn the dialogue by heart by repeating it several times.

România și românii   *Romania and the Romanians*

In Romania people shake hands with friends and acquaintances every time they meet each other or say goodbye.

It is customary for a man to kiss the hand of a lady when he is introduced to her.

If you want to attract a waiter's attention to order a drink or snack you should raise your hand in his direction and say, **vă rog, domnul**.

Exerciţii *Exercises*

1 How would you greet:
   (*a*) Mr Porter, in the morning?
   (*b*) Mrs Enescu, in the afternoon?
   (*c*) Miss Enescu, in the evening?

2 What would you say to each of them when taking your leave?

3 Someone asks you something you don't understand. Which of these would you use in reply:
   Scuzaţi.
   Vorbiţi mai rar, vă rog.
   Noapte bună.

4 You are in the hall of a hotel and you meet someone you know. What do you say when:
   (*a*) you see him/her.
   (*b*) he/she speaks too fast.
   (*c*) he/she offers you a cigarette and you do not smoke.
   (*d*) he/she says goodbye.

5 A man at the bus-stop is asking you a question that you do not hear properly. Which do you say:
   (*a*) vă rog.
   (*b*) nu, mulţumesc.
   (*c*) poftim?

6 You are staying the night with some friends. It's late and you decide to go to bed. Which do you say:
   Ce mai faceţi?
   La revedere.
   Noapte bună.

7 Use the clues to complete the grid. When you've finished, the vertical word will be what you say to someone to express thanks.
   (*a*) Greeting someone in the morning.
   (*b*) A greeting used when going to bed.
   (*c*) The opposite of doamnă.
   (*d*) How are you?

(e) Hello.
(f) Sorry?
(g) What you say when you take your leave of someone.
(h) Good evening.
(i) Excuse me.

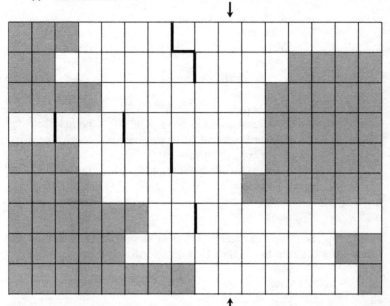

Remember to check your answers in the **Key to the exercises**. If you have too many wrong answers go back to page 6 as it gives useful tips to learn key words and phrases, then do the exercises again.

 — *Romanian sounds* —

How to sound Romanian

Now that you've learnt a few Romanian phrases, concentrate on sounding Romanian right from the beginning. Here are a few rules that will help you.

(a) In Romanian roughly equal weight is given to each part of the word, e.g. **res-tau-rant**, **spi-tal**, **ca-fea**, **te-le-fon**.

(b) All Romanian words that are spelt like English words are pronounced differently, e.g. important, parking, taxi, computer.

— 9 —

Romanian vowel sounds

Here is a list of the Romanian vowels with a rough English equivalent sound. Some of them have an accent (ă â î) which affects their pronunciation and distinguishes words with the same spelling.

rough English sound

a		come, cut	am
ă		hurt	doamnă
e	1	pen	lemn
	2	yes (at the beginning of a word)	este
i	1	sleep	mic
	2	almost silent at the end of words (except when preceded by consonant plus **r**)	pomi
	3	yard (at the beginning of the word)	iar
o		pork	pom
u		book	un

â and **î** represent the same sound. It has no close equivalent in English. It is a cross between the sounds in English *crude* and *creed*: *lângă*.

ai	pie	mai
au	cow	sau
ea	yap	dumneavoastră
ei	day	lei
ei, iei	yea (old English)	ei
eu	1 no close equivalent	leu
	2 no close equivalent	eu
ia	young	România
iau	yowl	iau
ie	yes	prieten
io	York	pensionar
ioa	no close equivalent	creioane
iu	no close equivalent	fotoliu
îi	no close equivalent	câine
oa	wonder	soare
oi	voice	doi
ou	low	ou
ua	one	luați
uă	influence	două
ui	ruinous	pui

Romanian consonant sounds

Many consonants, such as **b c d f g h k l m n p s t v w x z** are similar to English. Below are the exceptions:

	rough English sound	
c (before **i**, **e**)	**ch**eese	**c**eai
ch	**k**ite	**ch**elner
g (before **i**, **e**)	**g**eography	**g**eam
gh	**g**ive	**gh**id
j	lei**s**ure	a**j**unge
r	trilled as in Scottish **r**	**r**aft
ş	**sh**op	**ş**i
ţ	ca**ts**	**ţ**ară

Acquiring a good accent is desirable, but the principal aim is to make yourself understood. Here are a number of tips for studying pronunciation.

 (*a*) Listen carefully to the cassette or a native speaker or teacher.
(*b*) Tape record yourself and compare your pronunciation with that of a native speaker.
(*c*) Ask a native speaker to listen to your pronunciation and tell you how to improve it.
(*d*) Make a list of words that cause you pronunciation problems and practise them.
(*e*) Try this tongue-twister: **şase saci, şase saci, şase saci**. **Şase** means *six* and **saci** means *sacks*.

Un mic test   *A mini test*

You have reached the end of Unit 1. Now you know how to say hello, thank you and exchange greetings. You've also learnt a little about Romanian sounds.

How would you:
(*a*) say hello?
(*b*) ask someone if he/she speaks English?
(*c*) say thank you?

You'll find the answers at the back of the book. If you have answered all the questions correctly, go to Unit 2. If not, revise Unit 1.

2
PUNÂND ÎNTREBĂRI

Asking

In this unit you will learn

- to ask for something
- to count up to ten
- to ask the price
- to say how much you want
- to use negative constructions

Before you start

The simplest way to ask for something in a shop is to point at it and say **vă rog**. You can also say the Romanian word if you know it followed by **vă rog**, such as **cafea, vă rog** *coffee, please*; **Domnule/Doamnă/Domnișoară, vă rog** to call the waiter's/waitress's attention.

 Exerciții

You are in a restaurant. How would you attract the waiter's attention? How would you ask for a cup of coffee?

 ———————— **Cuvinte cheie** ————————

Learning a new language involves remembering new vocabulary and rules and pronunciation and grammar. Although the course presents this information in a certain way it is useful to devise your own system for referring to what you have already learnt.

cât costă asta? How much does that cost?	**țigări** cigarettes
o sută de lei one hundred lei	**Ce doriți?** What would you like?
două sute de lei two hundred lei	**un restaurant** a restaurant
un telefon a telephone, a telephone call	**un spital** a hospital
un hotel a hotel	**vreau** I want
un WC a toilet	**Aveți?** Do you have?
un taxi a taxi	**avem** we have
un ceai a cup of tea	**nu avem** we do not have
un bilet a ticket	**Unde este?** Where is?
un câine a dog	**Cât costă?** How much is it?
o pâine a loaf of bread	**asta** this
o bere a glass of beer	**și** and
o sticlă cu vin a bottle of wine	**aici** here
o sticlă cu apă minerală a bottle of mineral water	**acolo** there
o cameră a room	**plata, vă rog** the bill, please
o stație de autobuz a bus-stop	**îmi pare rău** I'm sorry
o stație de metrou an underground station	**unu/una** one
o stație de taxi a taxi rank	**doi/două** two
o stație de benzină a petrol station	**trei** three
o farmacie a chemist's	**patru** four
aspirine aspirins	**cinci** five
antinevralgice paracetamol tablets	**șase** six
	șapte seven
	opt eight
	nouă nine
	zece ten

 When organising the study of vocabulary you can group the words by:

(*a*) generic categories, such as shopping.

(*b*) situations, such as ordering food in a restaurant.

To remind yourself of pronunciation rules, reserve a section of your notes for them for easy reference.

 ──────────── **Explicații** ────────────

1 Negation

The negative particle **nu** is placed before a verb to indicate negation. We can illustrate this by first of all taking a simple affirmative statement such as **sunt român** *I am Romanian*. To say *I am not Romanian* we place **nu** before **sunt**, i.e. **nu sunt român**.

este	there is/it is	**nu este**	there is not/it is not
aveţi?	do you have?	**nu aveţi?**	don't you have?
vreau	I want	**nu vreau**	I don't want

2 Intonation

There are basically three patterns of intonation. If you have the cassette, listen to the following examples. The first is found in simple questions where the voice is raised to a high pitch on **unde**:

Unde este? *Where is it?*

The second occurs in questions to which we can expect the answer *yes* or *no*.

Aveţi cafea? *Do you have coffee?*
Nu aveţi bere? *Don't you have beer?*

Here the high pitch is given to **cafea** and **bere**.

The third is met in a normal statement:

Nu vreau bere. *I don't want (a) beer.*

Here there is a slight fall in pitch at **bere**.

3 'A', 'an'

The word *a* or *an* in English becomes **un** or **o**:

un hotel	a hotel	**o cameră**	a room
un om	a person	**o sticlă**	a bottle

Unlike in English, Romanian nouns are classified by gender, which means that they are either masculine, feminine or neuter. A noun is a word that denotes persons, creatures, things, qualities or notions. Nouns therefore belong to one of the three genders or groups and the nature of the group determines whether **un** or **o** precedes the word. Very broadly speaking the ending of the word will tell you whether to use **un** or **o**. Thus words that end in a consonant, like hotel and om, will be preceded by **un**, and belong to either the masculine or neuter group or gender. Since **un** is the masculine and neuter marker of *a*, *an*, it will be used with these words.

e.g. **un hotel** is neuter and **un om** is masculine.

Nouns that end in a vowel, like cameră and sticlă, are preceded by **o** and belong to the feminine group. Since **o** is the feminine marker of *a*, *an*, it will be used with such words.

e.g. **o sticlă, o bere**.

However, there are also several nouns that end in **e** that belong to the masculine group and are therefore preceded by **un**.

e.g. **un câine**.

Although there are several exceptions to the general rules, it is a good habit to learn the nouns with their markers as this will help you to remember the gender. Even if you get the gender wrong Romanians will still understand you. Here are some examples:

un taxi	**un ceai**	**un bilet**
o farmacie	**o pâine**	**o doamnă**

A simple guide to remembering the group or gender of a noun is to bear in mind that in most cases male beings belong to the masculine gender and females belong to the feminine. Animals that are male or female are respectively of the masculine and feminine gender. Unfortunately for the learner, objects and abstract notions are less regular in their gender.

4 Plural

Broadly speaking, to mark the plural, masculine nouns take the ending **-i**, feminine nouns the endings **-e** or **-i**, and neuter endings **-e** or **-uri**.

m (= masculine)			
un român	a Romanian	**un englez**	an Englishman
doi români	two Romanians	**doi englezi**	two Englishmen
un câine	a dog		
doi câini	two dogs		

f (= feminine)			
o sticlă	a bottle	**o bere**	a beer
două sticle	two bottles	**două beri**	two beers

	n (= neuter)		
un taxi	a taxi	**un bilet**	a ticket
două taxiuri	two taxis	**două bilete**	two tickets

You will find more plurals in Unit 3.

Later in the book (from Unit 5) the **Cuvinte cheie** sections list nouns with both their singular and plural forms followed by (m), (f) or (n) to note the gender. (Also see page 29.)

Dialog

Let's accompany Mr Porter and see if he gets what he wants. Read the following dialogue or if you have the cassette listen to it first.

Chelnerul	Bună ziua, domnule. Ce doriți?
Domnul Porter	Vreau o cafea și o sticlă de apă minerală.
Chelnerul	Îmi pare rău, dar nu avem nici cafea nici apă minerală. Poate doriți un ceai.
Domnul Porter	Nu, mulțumesc, nu vreau ceai.
Chelnerul	Atunci o sticlă de vin. Avem Cotnar și Murfatlar.
Domnul Porter	O sticlă de Murfatlar, vă rog.

dar	but	**poate**	maybe
nici...nici	neither...nor	**atunci**	then

România și românii

Many Romanians drink **apă minerală** instead of tap water, even though the latter is safe to drink. There are more than 100 mineral water springs in Romania which have been commercially developed and have bottling plants. This mineral water is almost all **gazoasă** (*fizzy*) and is drunk at the table. Some mineral water is taken for medicinal purposes and is particularly recommended for liver and kidney complaints. Occasionally Romanians dilute wine with mineral water to make a refreshing drink called **un șprit**.

Exerciţii

1 Where do you think this dialogue takes place?

2 Compose a similar dialogue for the chemist's.

3 Mr Porter is in a restaurant. Fill in the waiter's questions or answers.

Example: Chelnerul   Ce doriţi?
Domnul Porter   Vreau un ceai.
Chelnerul   ____ ____ ____ ____
Domnul Porter   Vreau o bere.
Chelnerul   ____ ____ ____ ____
Domnul Porter   Atunci o cafea.
Chelnerul   ____ ____ ____ ____
Domnul Porter   Nu, mulţumesc.

4 You are in Sibiu in Transylvania and you need to know where to find (a) a hotel, (b) a chemist's and, (c) a petrol station. Ask a passerby.

Example: Unde este un   *Where is there a restaurant?*
restaurant?

5 Give the answers, in the negative, to the following questions:
(a) Doriţi o cafea?
(b) Aveţi aspirine?
(c) Vreţi un ceai?
(d) Aici este un hotel?
(e) Acolo este o staţie de taxiuri?

6 The items you want are hidden in the string of letters below. Find them.

> xubaspirineovkbenzinăehmalţigări

7 Rewrite the following answers into suitable questions.
Example: Un ceai costă cinci sute de lei.
Question: **Cât costă un ceai?**

O cafea costă şapte sute de lei.
O sticlă cu bere costă nouă sute de lei.
O pâine costă şase sute de lei.
Un bilet de autobuz costă patru sute de lei.
Asta costă trei sute de lei.

8 Try to ask as many questions as you can in Romanian.

9 Match the words in the left-hand column with those on the right.
Example: o staţie de benzină

o staţie		vin
o sticlă		hotel
o cameră	de	metrou
două bilete		tren
zece bilete		benzină

3

SĂ NE PREZENTĂM

Talking about yourself

In this unit you will learn

- to introduce yourself
- to say where you are from
- to ask *how much*, *how many*
- to construct more plurals
- to count from 11 to 20

Before you start

Mă numesc *my name is* ... that is the way you introduce yourself when asked **cum vă numiți?** *what is your name?*

Exemple   *Examples*

Cum vă numiți?
Mă numesc George Porter.
Dumneavoastră cum vă numiți?
Eu **mă numesc** Victor Costescu.

Dumneavoastră *you* is used when you address another person unless you are close friends, or you speak to a child.

— **19** —

Exercițiu

Introduce yourself as in the example above and ask your new acquaintance his or her name.

 ——————— **Cuvinte cheie** ———————

Cum se spune pe românește? How do you say in Romanian...?	**Avem doi copii, o fată și un băiat.** We have two children, a girl and a boy.
Sunteți român? Are you Romanian?	**Câte fete și câți băieti?** How many girls and how many boys?
Nu, sunt englez. No, I am English. (man)	**Avem două fete și trei băieți** We have two girls and three boys.
Sunteți româncă? Are you Romanian? (addressing a woman)	**Ce sunteti?** What are you?
Nu, sunt englezoaică. No, I am English (woman).	**Sunt ziarist/ziaristă.** I am a journalist (male/female).
De unde șunteți? Where do you come (are you) from?	**profesor/profesoară** teacher (male/female)
Sunteți din România? Do you come (are you) from Romania?	**student/studentă** student (male/female)
Nu, sunt din Anglia. No, I am from England (Britain).	**medic** doctor
Sunteți căsătorit? Are you married? (addressing a man)	**Unde stați?** Where are you staying?
Sunteți căsătorită? Are you married? (addressing a woman)	**Stăm la hotel.** We are staying in a hotel.
Aveți copii? Do you have children?	**Cât timp stați în România?** How long are you staying in Romania?
Am un copii, o fată. I have one child, a girl.	**Nu știu, o zi sau două zile.** I don't know, one or two days.
Câți copil aveți? How many children do you have?	**depinde** it depends
apoi then	**până mâine** until tomorrow
	azi today
	o săptămână a week

Read the questions and answer several times.

 ——————— **Explicații** ———————

1 More plurals

In Unit 2, you were introduced to some plural forms of nouns: **un român, doi români, un bilet, două bilete, o sticlă, două sticle.** Here are some more forms:

(a) In masculine nouns the addition of **i** in the plural sometimes causes the final consonant to change:

copil	*child*	**rus**	*Russian*
copii	*children*	**ruşi**	*Russians*

(b) Those that end in a vowel replace the vowel with **i**:

metru	*metre*	**leu**	*lion* (units of
metri	*metres*	**lei**	*lions* currency)
peşte	*fish*		
peşti	*fish(es)*		

(c) Feminine nouns ending in **ă** form their plural by substituting either an **e**:

casă	*house*	**cameră**	*room*
case	*houses*	**camere**	*rooms*
englezoaică	*Englishwoman*		
englezoaice	*Englishwomen*		

or an **i**:

gară	*station*	**grădină**	*garden*
gări	*stations*	**grădini**	*gardens*

(d) Those ending in **e**, replace it with an **i**:

pâine	*bread*	**carte**	*book*
pâini	*loaves*	**cărţi**	*books*

(e) Those ending in **ură** replace it by **uri**:

prăjitură	*tea cake*
prăjituri	*tea cakes*

(f) Those ending in **ie** replace it by **ii**:

cofetărie	*coffee house*
cofetării	*coffee houses*

(g) Those ending in **ea** replace it by **ele**:

cafea	*coffee*
cafele	*cups of coffee*

(h) Neuter nouns ending in **ou** form their plural by adding **uri**:

birou	*office, desk*
birouri	*offices, desks*

(i) Those ending in **iu** are formed in the plural with **ii**:

fotoliu	*armchair*
fotolii	*armchairs*

2 Nouns of nationality and of occupation

(*a*) Earlier in this unit you met the phrases **sunt ziarist**, **sunt profesor** *I am a journalist*, *I am a teacher*. Note that the indefinite articles **un** and **o** (*a*) are omitted after the verb in such usage. Similarly they are not required when indicating nationality: **sunt român**, **sunt româncă** *I am Romanian*.

(*b*) Feminine nouns denoting occupation or nationality are usually derived from masculine ones. See **un student** *a male student*, **o studentă** *a female student*:

m		f
un profesor	*a teacher*	o profeso**ară**
un englez	*an Englishman / woman*	o englez**oaică**
un american	*an American*	o american**că**
un doctor	*a doctor*	o doctor**iță**
un inginer	*an engineer*	o ingin**eră**

Note how the feminine form is often radically different.

3 'How much?' 'How many?'

To ask *how much*, *how many*, Romanians use the word **cât**. In Unit 2, you learnt the phrase **cât costă?** *how much does it cost?* When used with a noun, **cât** changes its form to agree:

(*a*) according to whether the noun is masculine, feminine or neuter;
(b) according to whether the noun is singular or plural.

Thus in this unit the forms **câți băieți** *how many boys* and **cât e fete** *how many girls* are used.

	m	f	n
singular	**cât**	**câtă**	**cât**
plural	**câți**	**câte**	**câte**

 ## 4 Numbers from 11 to 20

11	**unsprezece**
12	**doisprezece** (m), **douăsprezece** (f, n)
13	**treisprezece**
14	**paisprezece**

15	**cincisprezece**
16	**şaisprezece**
17	**şaptesprezece**
18	**optsprezece**
19	**nouăsprezece**
20	**douăzeci**

From 20 upwards the nouns are linked to the number by **de**, so:
doisprezeci ani (*12 years*)
douăsprezece fete (*12 girls*)
paisprezece sticle (*14 bottles*)

but: **douăzeci de lei** (*20 lions*)

 Note that in colloquial speech the **-sprezece** ending is reduced to **şpe**: unşpe, doişpe, douăşpe, treişpe, paişpe, cinşpe, şaişpe, şapteşpe, opşpe, nouăşpe.

Dialog

The Romanian tourist office is conducting a survey about tourism in Romania, and one of their employees (**angajat**) approaches George Porter:

Angajatul	Cum vă numiţi?
George Porter	Mă numesc George Porter.
Angajatul	De unde sunteţi?
George Porter	Din Anglia.
Angajatul	Nu sunteţi român?
George Porter	Nu, sunt englez.
Angajatul	Sunteţi căsătorit?
George Porter	Da, sunt căsătorit.
Angajatul	Aveţi copii?
George Porter	Da, am patru copii.
Angajatul	Câţi băieţi şi câte fete?
George Porter	Doi băieţi şi două fete.

mai mult more	**apoi** then

România și românii

The Romanians derive their name (**nume**) from the Romans who conquered the Romanian's ancestors, a people, called Dacians (**daci**), in the year 105 AD. The Romans gave the name Dacia to the territory which they conquered and this area corresponds roughly to the present-day region (**regiune**) of Transylvania (**Transilvania**). After the Romans withdrew from Dacia in 274 AD successive waves of invading peoples (**popoare**), such as Slavs (**slavi**) and Hungarians (**unguri**), settled in the territory of Romania. Its position at the crossroads of Western and Eastern Europe (**Europa**) has given Romania and the Romanians a troubled history (**istorie**). It was only in 1859 that the Romanians in the principalities of Wallachia (**Țara Românească**) and Moldavia (**Moldova**) were united in a single country called Romania and it was not until 1918 that the Romanians of Transylvania, who formed the majority population of that region, joined their fellow countrymen. Even today (**astăzi**) there are more than 2.5 million Romanians in the Republic of Moldavia (**Republica Moldova**) who may well decide to join Romania.

Romania is the 12th largest country in Europe in the area (**suprafață**). It is slightly smaller than Great Britain (**Marea Britanie**) and its population is just more than 23 million (**milioane**).

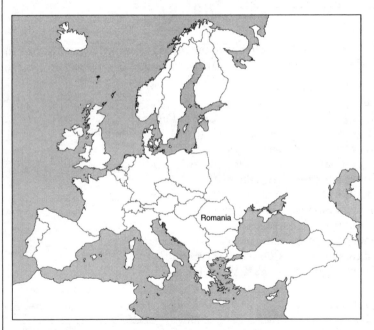

Romania has Ukraine, Bulgaria, what was formerly Yugoslavia, and Hungary as neighbours.

——————————— **Exerciţii** ———————————

If you have the cassette, listen to the numbers 11 to 20: they are read in random order. Write them down as you hear them.

1 Say whether the following statements based on the dialogue are true or false.
Domnul Porter: (*a*) este englez.
              (*b*) este din România.
              (*c*) este în România.
              (*d*) nu are copii.
              (*e*) este căsătorit.
              (*f*) stă o zi la Timişoara
              (*g*) are trei băieţi
              (*h*) stă la Bucureşti o zi sau două

2 Using the dialogue as a model try to unscramble the following jumbled conversation:
(*a*) De ce nu staţi mai mult în România?
(*b*) Nu, sunt englez.
(*c*) Sunteţi căsătorit?
(*d*) Sunteţi român?
(*e*) Da, avem o fată şi un băiat.
(*f*) Nu avem timp.
(*g*) Da, sunt căsătorit.
(*h*) Aveţi copii?

 3 Ask questions in order to get the following answers:
(*a*) Da, avem trei copii.
(*b*) Nu avem fete.
(*c*) Da, sunt englez.
(*d*) Stăm la hotel.
(*e*) Aici stau două zile.
(*f*) Sunt ziarist.
(*g*) Stăm la Bucureşti trei zile.
(*h*) La Timişoara stăm paisprezece zile.

4 Use the appropriate indefinite article **un** or **o**:
(*a*) copil, (*b*) fată, (*c*) băiat, (*d*) hotel, (*e*) telefon, (*f*) farmacie, (*g*) spital, (*h*) ceia, (*i*) bilet, (*j*) doctor, (*k*) doctoriţă, (*l*) zi (*m*) cafea, (*n*) ceai, (*o*) sticlă

5 Can you find the ten words in Romanian in this puzzle?

(a) *Do you speak?*
(b) *where*
(c) *telephone*
(d) *child*
(d) *you have*
(f) *you are*
(g) *it depends*
(h) *week*
(i) *female journalist*
(j) *bottle*

N	A	K	V	Ă	G	O	Ș	I	I
O	B	E	Z	Ș	A	V	E	Ț	I
F	S	E	I	Ț	N	Î	E	I	Ă
E	T	I	A	G	O	T	D	B	J
L	I	O	R	C	N	Â	E	R	U
E	C	L	I	I	L	I	P	O	C
T	L	K	S	E	Y	T	I	V	D
S	Ă	P	T	Ă	M	Î	N	A	G
Z	O	Ț	A	Ș	P	E	D	N	U
T	P	Î	U	F	D	S	E	S	V

6 How do you say the following in Romanian:
   (a) Are you Romanian (woman)?
   (b) I am married (man).
   (c) Where is a restaurant?
   (d) My name is Victor Enescu.
   (e) I am a student (man).
   (f) How much is a ticket?
   (g) I want a bottle of mineral water.
   (h) How much is a cup of coffee?
   (i) Where is a pharmacy?

7 Translate the following:
   (a) Cât costă o prăjitură?
   (b) Cât costă două pâini?
   (c) Stăm șapte zile în România și nouă zile în Anglia.
   (d) Doriți cafea?
   (d) Da, vreau două cafele.
   (f) Avem patru copii.

8 Which column would you use to ask questions of Mr Porter and which to ask questions of Mrs Porter?

(a)	(b)
sunteți ziarist?	sunteți ziaristă?
sunteți profesor?	sunteți profesoară?

sunteți student?	sunteți studentă?
sunteți doctor?	sunteți doctoriță?
sunteți inginer?	sunteți ingineră?
sunteți american?	sunteți americancă?
sunteți englez?	sunteți englezoaică?

Try using other male and female persons with the above forms, such as **George este englez**, or **Ana este englezoaică**.

9 Fill the squares in the puzzle with the correct Romanian words.

(a) *a*

(b) *no*

(c) *Romanian*

(d) *is*

(d) *evening*

(f) *train*

(g) *I have*

(h) *where*

(i) *Romania*

(j) *here*

(k) *night*

(l) *telephone*

10 Complete the blanks using **ciți** or **cite** and write the numerals in full:

(a) _____ zile stați în România? Stau 17 zile.

(b) _____ copii aveți? Am 4 copii.

(c) _____ sticle cu bere vreți? Vreau 14 sticle.

(d) _____ prăjituri sunt aici? Sunt 12 prăjituri.

(e) _____ englezi sunt acolo? Sunt 16 englezi.

(f) _____ români sunt aici? Sunt 11 români.

(g) _____ bilete doriți? Vreau 15 bilete.

(h) _____ aspirine doriți? Vreau 12 aspirine.

(i) _____ ingineri sunt aici? Aici sunt 6 ingineri.

4

CUM SĂ AJUNG LA

Asking the way

In this unit you will learn

- to ask the way and understand directions
- to use some prepositions and the indefinite form of a noun
- to use the forms for *I, you, he, she, we, they*
- to use the verbs **a fi** *to be,* **a avea** *to have,* **a sta** *to stay,* **a merge** *to go,* **a lua** *to take*

Before you start

The simplest way to ask for directions if you are on foot is **Spre centru, vă rog?** *To the centre of town, please?* If you want to go by bus or underground, in order to find out where the bus- or under-ground-stop is you must ask **De unde iau un autobuz/metrou spre centru, vă rog?** *Where do I catch a bus/underground for the centre of town, please?* It is a good idea to repeat the directions you have been given so that you can be corrected if you have misunderstood.

Exercițiu

Ask a passerby how you can get on foot to the following:

(*a*) station.
(*a*) chemist's.
(*a*) hotel.

Cuvinte cheie

Cum merg spre gară, vă rog?
How do I get to the station, please?
Mergeți drept înainte. You go
straight ahead.
  la dreapta turn right
  la stânga turn left
  până la intersecție go up to the
  crossroads
  până la semafor go up to the
  traffic lights
  pe stradă go up the street
  pe bulevard go up the
  boulevard
Mergeți pe jos? Are you on foot?
Cu ce mergeți? How are you
getting there?
Merg cu autobuzul. I am going by
bus.
  cu metroul by underground
  cu mașina by car
Iau un autobuz. I am taking a bus.
Stați la coadă la tichete. You
queue up for tickets.

Stați în stație. You wait at the stop.
Aveți nevoie de un tichet. You
need a ticket.
  un carnet de tichete a book of
  tickets
De unde iau un tichet? Where do I
get a ticket from?
**luați tichete de la chioșc dacă aveți
timp** you get tickets from the kiosk
if you have time⌂
În cât timp sunt la gară? How long
will it take me to get to the station?
cam în douăzeci de minute in
about 20 minutes
înainte de before
Nu-i așa? Isn't that so?
așa este that's right
simplu simple
mai simplu simpler
lângă beside, next to
între between

To help you classify the nouns used in this unit they are listed below with their gender and plural forms. Both the singular and plural forms of nouns are included in the **Cuvinte cheie** boxes from here onwards, e.g. **alimentară**, **alimentare** (f) food shop.

autobuz	autobuze (n)	bus
bulevard	bulevarde (n)	main street
carnet	carnete (n)	book of tickets
chioșc	chioșcuri (n)	kiosk
coadă	cozi (f)	queue
colonist	coloniști (m)	colonist
	est (n)	East
gară	gări (f)	station
hotel	hoteluri (n)	hotel
intersecție	intersecții (f)	crossroads
locuitor	locuitori (m)	inhabitant
mașină	mașini (f)	car
metrou	metrouri (m)	underground

milion	milioane (n)	million
minut	minute (n)	minute
neamț	nemți (m)	German
oraș	orașe (n)	town
popor	popoare (n)	people
roman	romani (m)	Roman
secol	secole (n)	century
semafor	semafoare (n)	traffic lights
stație	stații (f)	(bus/underground stop)
stradă	străzi (f)	street
tichet	tichete (n)	ticket
trecător	trecători (m)	passerby (male)
trecătoare	trecătoare (f)	passerby (female)
ungur	unguri (m)	Hungarian
urmaș	urmași (m)	descendant

Explicații

1 'I', 'you', 'he', 'she', 'it', 'we' and 'they'

(a) *I, you, he, she, it, we* and *they* are called subject pronouns in English. Here are their equivalents in Romanian:

eu	*I*
tu	*you (familiar only)*
el	*he (or) it*
ea	*she (or) it*
noi	*we*
voi	*you (collective only)*
ei	*they (male)*
ele	*they (female)*

(b) The subject pronoun is placed in front of the verb to emphasise the doer of the action: **avem** *we have,* **noi avem** *we have.*

(c) The subject pronoun is always used with the verb.

(d) The subject pronouns **el, ea, ei, ele** may be used to take the place of a noun, whether it is a person, place, thing or animal, although in practice they are mostly used to indicate persons. Here is an example with an object:

Un carnet are zece bilete. *A book of tickets has ten tickets.*
El are zece bilete. *It has ten tickets.*

(e) The subject pronoun **el** is used to take the place of a masculine singular noun: such as **George are** *George has*, **el are** *he has*.

(f) The subject pronoun **ea** is used to take the place of a feminine singular noun: such as **Ana are** *Ann has*, **ea are** *she has*.

(g) The subject pronoun **ei** is used to take the place of two or more masculine nouns. It is also used instead of one masculine and one feminine noun. Irrespective of the number of feminine nouns, as long as there is one masculine noun **ei** must be used: **George și Ana sunt acolo** *George and Ann are there*, **ei sunt acolo** *they are there*.

(h) The subject pronoun **ele** is used to take the place of two feminine nouns *only*.

(i) In Romanian there are four subject pronouns that mean *you*:

tu	**voi**
dumneata	**dumneavoastră**

Tu is used when you are speaking to a member of your family, a close friend, or someone younger than you: **tu ești** *you are*.
George Porter **Bună ziua, Ana. Tu ești studentă?**

Dumneata (usually abbreviated to **d-ta** or sometimes **mata**) is also used when addressing one person when that person is a professional colleague or a subordinate. It may be used in a friendly or scolding manner: **dumneata ești** *you are*.
George Porter **Bună ziua, domnule Popescu. Dumneata ești inginer?**

Voi is used to address two or more persons and usually shows that the speaker is on familiar terms with the persons addressed: **voi aveți** *you have*.
George Porter **Bună ziua, Ana și Nicu. Voi aveți bilete de metrou?**

If in doubt as to which to use, choose **dumneavoastră**.

Dumneavoastră (usually abbreviated to **dvs.**) is used when addressing one or more persons and when that person is superior in age or rank to the speaker. It can also be used to address a stranger or someone you do not know well. It is respectful and courteous: **dumneavoastră sunteți** *you are*.
Ana **Bună ziua, domnule Porter. Dvs. sunteți profesor?**

✳ Note that **tu** and **dumneata** are used with a singular form of the verb (e.g. **ești**) and **dumneavoastră** and **voi** with a plural form (**sunteți, aveți**).

2 Verbs

A verb is a word that expresses an action (e.g. *to go*) or a state of being (*to be, to think*). Tense means time. Romanian and English verbs are divided into three phases of time: *past, present*, and *future*. A verb tense shows if an action *took* place (past), *is taking* place (present), or *will take* place (future).

In this unit you will look at the present tense of the verbs **a fi** *to be*, **a avea** *to have*, **a sta** *to stay* or *to reside*, **a merge** *to go*, **a lua** *to take*.

a fi

sunt	*I am*	**suntem**	*we are*
eşti	*you are*	**sunteţi**	*you are*
este	*he, she, it is*	**sunt**	*they are*

a avea

am	*I have*	**avem**	*we have*
ai	*you have*	**aveţi**	*you have*
are	*he, she, it has*	**au**	*they have*

a sta

stau	*I stay, I am staying, I do stay*	**stăm**	*we stay*
stai	*you stay*	**staţi**	*you stay*
stă	*he, she, it stays*	**stau**	*they stay*

a merge

merg	*I go, I am going, I do go*	**mergem**	*we go*
mergi	*you go*	**mergeţi**	*you go*
merge	*he, she, it goes*	**merg**	*they go*

a lua

iau	*I take, I am taking, I do take*	**luăm**	*we take*
iei	*you take*	**luaţi**	*you take*
ia	*he, she, it takes*	**iau**	*they take*

❋ Notes

(*a*) *do, am, are, does, is*, which are used in English in the present tense are not translated into Romanian. Therefore **merg** can mean *I go*, or *I do go*, or *I am going*. Similarly **mergi** can mean *you go*, or *you do go*, or *you are going*.

(*b*) the *you* endings in **-i** refer to one person and those in **-ţi** to one or more persons.

(*c*) **este** has an optional form **e** which is often used in colloquial speech e.g. **unde este** *where is (it)?* becomes **unde e?** This **e** sometimes becomes **i** if preceded by a word that ends in a vowel. Thus the question **ce este?** *what is it?* is rendered in colloquial speech **ce-i?**

(*d*) the word for *no* **nu** may be reduced before the forms of **a avea**. In such cases it is followed in writing by a hyphen:

n-am	*I don't have*	**n-avem**	*we don't have*
n-ai	*you don't have*	**n-aveţi**	*you don't have*
n-are	*he, she doesn't have*	**n-au**	*they don't have*

Compare:

am	nu am	**n-am**	avem	nu avem	**n-avem**
ai	nu ai	**n-ai**	aveţi	nu aveţi	**n-aveţi**
are	nu are	**n-are**	au	nu au	**n-au**

3 Use of prepositions such as 'on', 'towards'

In this unit you will have noticed such expressions as **pe stradă** *on the street*, **spre gară** *towards the station*, **pînă la semafor** *as far as the traffic lights*. Words indicating position or direction like **pe**, **spre** are called prepositions and when they are used in Romanian they often do not require a form for *the*. Thus **stradă** means *street* and **pe stradă** *on the street*. But note that **pe o stradă** means *on a street*.

Compare:

gară	*station*	**intersecţie**	*crossroads*
la gară	*at the station*	**la intersecţie**	*at the crossroads*
la o gară	*at a station*	**la o intersecţie**	*at a crossroads*

Dialog

Mr Porter is standing outside his hotel and asks a passerby (**un trecător**) the way to the station:

Porter   Dacă merg pe jos, în cât timp sunt la gară?
Trecătorul   Cam în douăzeci de minute.
Porter   Şi dacă iau autobuzul?
Trecătorul   Cu autobuzul sunteţi la gară cam în cinci minute.
Porter   Merg pe jos cinci minute şi apoi iau autobuzul!
Trecătorul   Mergeţi pe bulevard drept înainte până la intersecţie unde este un semafor, şi apoi la dreapta. Lângă farmacie,

	între hotel şi restaurant, este o staţie de unde luaţi un autobuz.
Porter	Câte staţii sunt până la gară?
Trecătorul	Şase staţii.
Porter	Ah, mulţumesc. Şi tichet de unde iau? Am nevoie de tichet, nu-i aşa?
Trecătorul	Aşa este. Luaţi de la chioşc. Este un chioşc înainte de hotel. Staţi la coadă şi luaţi un carnet de tichete. E mai simplu.
Porter	Mulţumesc foarte mult.

Listen to, or read, the dialogue carefully and answer the questions. Tick in the box where there is a choice. You can still do the exercise if you haven't got the cassette.

(*a*) What is the first thing Mr Porter asks the passerby?

(*b*) What is the first thing the passerby asks Mr Porter?

(*c*) How long does it take Mr Porter to walk to the station?
☐ ten minutes. ☐ about 20 minutes.

(*d*) How does he go there, on foot or by bus?

(*e*) To walk to the bus stop must he:
☐ turn right? ☐ go straight on? ☐ go straight on and then turn right?

(*f*) Where is the bus-stop?
☐ between the chemist's and the hotel? ☐ by the restaurant?
☐ between the hotel and the restaurant?

(*g*) How many stops are there?
☐ two stops. ☐ ten stops. ☐ six stops.

(*h*) Does he need a bus ticket?
☐ yes. ☐ no.

(*i*) Where is the kiosk?
☐ at the bus stop. ☐ by the chemist's. ☐ before you get to the hotel.

România și românii

About the year 1000 the northwestern part of Romania, called Transylvania (**Transilvania**), was conquered by the King (**rege**) of Hungary (**Ungaria**). As a result many Hungarians settled in Transylvania and their descendants (**urmași**), who number more than two million (**două milioane**), live today alongside the Romanians.

In the early 1200s, the King of Hungary invited German settlers (**coloniști**) to Transylvania in order to help defend it against attacks from the Tatars to the east (**est**) of Romania. The Germans (**nemți**) built citadels (**cetăți**) and towns (**orașe**) which were largely self-governing. At the end of the 18th century, more German settlers were brought to the area of the Banat in southwestern Romania which at that time was under the rule of Habsburg Empress Maria Theresa. At the outbreak of the Second World War the numbers of Germans, generally known as Saxons (**sași**), had grown to more than 400,000. In the 1960s, the Romanian leader Nicolae Ceaușescu allowed large numbers of these Germans to leave the country in return for payment from their relatives in West Germany, and by the time of his overthrow there were about 200,000 left. Today, some 70,000 remain.

 ——————— **Exerciții** ———————

1 You want to get to the station. Select your phrases from the box below and write them in the appropriate spaces in the conversation:

> (*a*) Mulțumesc foarte mult (*b*) Nu, cu autobuzul (*c*) Scuzați, vă rog, cum merg spre gară? (*d*) Merg la dreapta și apoi la stânga, nu-i așa?

Dumneavoastră _____ _____ _____ _____
Un trecător Mergeți pe jos sau cu mașina?
Dvs. _____ _____ _____ _____
Un trecător Mergeți la stânga și apoi la dreapta. Acolo este o stație de autobuz
Dvs. _____ _____ _____ _____
Un trecător Nu. La stânga și apoi la dreapta.
Dvs. _____ _____ _____ _____

2 Taking as a guide the information given below for getting from point 1 to a restaurant, imagine yourself giving similar instructions from point 2 to somebody who wants to find a hotel. Look at the map on page 36.

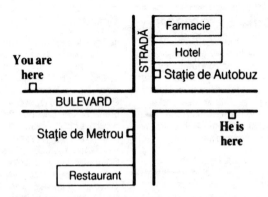

Guide Mergeți pe bulevard drept înainte până la intersecție, apoi la dreapta. Lângă o stație de metrou este un restaurant.

3 Working from the map in Exercise 2, complete the following sentences using **spre, lângă, între, pe, până la**.

(a) Este un hotel _____ o stație de autobuz și o farmacie.

(b) Mergeți _____ stradă _____ intersecție.

(c) Cum merg _____ farmacie?

(d) Este o farmacie _____ hotel.

4 Fill in the blank spaces with the correct form of **a avea, a fi, a merge, a sta, a lua**. In some cases more than one verb can be used.

(a) Dumneavoastră _____ la hotel?

(b) Cât timp _____ Victor în România?

(c) Tu _____ român.

(d) Noi _____ două tichete de autobuz.

(e) Dumneata _____ spre gară?

(f) Ei _____ englezi.

(g) Tu _____ un autobuz sau _____ pe jos?

(h) El _____ un taxi.

(i) Noi _____ nevoie de tichete.

(j) Ele _____ aici o săptămînă.

(k) Dumneavoastră _____ nevoie de taxi?

(l) Ea _____ la coadă la tichete.

(m) Eu _____ pe jos.

5 Replace the singular verb and pronoun with the corresponding plural. **Example: Cum merg eu spre stație? Cum mergem noi spre stație?**

(a) Eu stau la coadă la chioșc.

(b) El este la hotel.
(c) Ai nevoie de un tichet de autobuz?
(d) Unde merge ea?
(e) Cât timp stai în România?
(f) Iei un autobuz sau mergi pe jos?
(g) El ia un taxi.

6 Translate these questions into Romanian and answer them using
the negative form of the verb. Avoid using the pronouns.
Example: *Is he going to the station?* **Merge la gară? Nu merge
la gară?**
(a) Are you going to the station?
(b) Is he staying at the hotel?
(c) Does she have a bus ticket?
(d) Are they going by car?
(e) Are you Romanian?
(f) Are they students (m)?
(g) Do you want a glass of wine?
(h) Do you speak Romanian?
(i) Is he going to the chemist's?
(j) Are you taking the bus?

7 Translate the questions from Exercise 6 into Romanian using the
pronouns.
Example: (a) **Tu/dumneata mergi Dvs./voi mergeţi spre/la
gară?**

8 Use the verbs forms introduced in the unit in all persons without
using the pronouns.
**Example: sunt englez, eşti englez, este englez, suntem
englezi, sunteţi englezi, sunt englezi**
(a) am copii
(b) stau la hotel
(c) merg pe jos
(d) iau un autobuz

5

CÂT E CEASUL?

What is the time?

In this unit you will learn

- how to distinguish the types of verb
- to use adjectives
- to count up to 1000
- to tell the time

Before you start

In order to understand the time in response to the question **Cât e ceasul?** *What is the time?*, you have to realise that both the 12-hour and the 24-hour clock are used in Romania. When answering, place **ora** (*hour*) in front of the numeral. Note that **ora** is usually omitted.
Example: Cât e ceasul, vă rog?
Este (ora) zece.

Cuvinte cheie

acasă home, at home	**an, ani** (m) year
acum now	**atunci** then
alb, albă, albi, albe white	**autoritate, autorități** (f) authority
alimentară, alimentare (f) food shop	**bolnav, bolnavă, bolnavi, bolnave** ill

cartier, cartiere (n)   district
ceas, ceasuri (n)   hour, clock, wrist,
  watch
centru   centre
când   when
cu   with
dacă   if
deci   therefore
deschis, deschisă, deschişi,
  deschise   open
domnitor, domnitori (m)   ruler
a dori   to want
dulce, dulci   sweet
fără   without
film, filme (n)   film
frumos, frumoasă, frumoşi,
  frumoase   beautiful
invadator, invadatori (m)   invader
împreună   together
încă   yet, still
închis, închisă, închişi, închise
  closed
a întreba   to ask
jumătate, jumătăţi (f)   half
litru, litri (m)   litres
a lucra   to work
magazin, magazine (n)   shop
mare, mari   large, big, great
măslină, măsline (f)   olive
a merge   to go

mic, mică, mici   small
moarte, morţi (f)   death
negru, neagră, negri, negre   black
obositor, obositoare, obositori,
  obositoare   tired
oră, ore (f)   hour
orez (n)   rice
papă, papi (m)   Pope
perioadă, perioade (f)   period
poveste, poveşti (f)   story, tale
prânz, prânzuri (n)   lunch
program, programe (n)   programme
provincie, provincii (f)   province
roşu, roşie, roşii   red
sec, seacă, seci   dry
sfert, sferturi (n)   quarter
stăpânire, stăpâniri (f)   rule
a şti   to know
turc, turci (m)   Turk
ţeapă, ţepi (f)   stake, splinter
ulei, uleiuri (n)   oil
a vedea   to see
verde, verzi   green
a vorbi   to speak
La ce oră?   At what time?
la prânz   at lunch time
peste tot   everywhere
Ce fel de?   What kind of?
cu mine   with me
cu tine   with you

 ———————— **Explicaţii** ————————

1 Types of verb

Romanian verbs are divided into four main types (called conjugations). They are classified according to the ending of their *to* forms, e.g. *to ask*, *to work*. These forms are known as infinitives.

In Romanian infinitives **a** corresponds to *to*. Thus **a lucra** means *to work* and **a merge** means *to go*.

The endings of the four principal types of verb are: **-a**, **-ea**, **-e**, **-i**.

The first type, the most common, is that ending in **-a**:

    a întreba *to ask*

The forms of the present tense are as follows:

întreb	*I ask*	**întrebăm**	*we ask*
întrebi	*you ask*	**întrebați**	*you ask*
întreabă	*he, she asks*	**întreabă**	*they ask*

A great many verbs of this type have endings with **-ez**:

    a lucra *to work*

lucrez	*I work*	**lucrăm**	*we work*
lucrezi	*you work*	**lucrați**	*you work*
lucrează	*he, she, it works*	**lucrează**	*they work*

The second type, to which few verbs belong, ends in **-ea**:

    a vedea *to see*

văd	*I see*	**vedem**	*we see*
vezi	*you see*	**vedeți**	*you see*
vede	*he, she, it sees*	**văd**	*they see*

A merge *to go*, introduced in this unit, belongs to the third type:

merg	*I go*	**mergem**	*we go*
mergi	*you go*	**mergeți**	*you go*
merge	*he, she it, goes*	**merg**	*they go*

The fourth type ends in **-i**. Most of the verbs of this type follow the pattern below:

    a dori *to wish*

doresc	*I wish*	**dorim**	*we wish*
dorești	*you wish*	**doriți**	*you wish*
dorește	*he, she, it wishes*	**doresc**	*they wish*

Others, far fewer in number, are like the following:

    a ști *to know*

știu	*I know*	**știm**	*we know*
știi	*you know*	**știți**	*you know*
știe	*he, she, it knows*	**știu**	*they know*

To help you remember the forms of the verbs it is useful to note that in the first type the forms for he and they are the same, e.g.

    întreabă *he asks, they ask*

and that in the other types the forms for *I* and *they* are the same, e.g.

văd	*I see, they see*
merg	*I go, they go*
doresc	*I wish, they wish*

2 Further uses of the present

In addition to those uses of the present tense listed in Unit 4 the present can also be used in Romanian to express the following:

(*a*) the near future.

El merge mâine. *He is going tomorrow, he'll go tomorrow.*

(*b*) an action or state of being that occurred in the past and continues up to the present. When used in this way the amount of time that has passed is preceded by **de**.

Stăm aici de cinci ani. *We have been living here for five years.*

Sunt bolnav de trei zile. *I have been ill for three days.*

3 Adjectives

An adjective is a word that describes a noun, indicating its quality, size, colour, etc. Thus in the phrase '*a big, red car*' the words *big* and *red* are adjectives. In English, the adjective precedes the noun whereas in Romanian it usually follows, although there are exceptions.

Romanian, unlike English, requires the adjective to adapt its form to that of the noun. As you saw in Units 2 and 3, Romanian nouns are classified according to whether they are masculine, feminine or neuter and indicate the plural by adding a variety of endings. Romanian adjectives behave in the same way. To help you use the correct form here are a few tips.

(*a*) In the singular, most adjectives have a common form for masculine and neuter nouns, and a separate form for feminine ones.

(*b*) In the plural adjectives may have one form for masculine nouns and a common form for feminine and neuter nouns, or a common form for all three genders.

(c)   Most Romanian adjectives have four forms:

	m	**f**	**n**
singular	**alb**	**albă**	**alb**
plural	**albi**	**albe**	**albe**

Examples: **un câine alb, o pâine albă, un vin alb.**

(d)   Others have three forms:

	m	**f**	**n**
singular	**mic**	**mică**	**mic**
plural	**mici**	**mici**	**mici**

	m	**f**	**n**
singular	**sec**	**seacă**	**sec**
plural	**seci**	**seci**	**seci**

singular	**obositor**	**obositoare**	**obositor**
plural	**obositori**	**obositoare**	**obositoare**

Note that this type ending in **-tor**, which is generally derived from verbs, has a common form for feminine singular and feminine plural.

Examples:

un pește **mic**	*a small fish*
pești **mici**	*small fishes*
o alimentară **mică**	*a small food shop*
alimentare **mici**	*small food shops*
un program **obositor**	*a tiring programme*
programe **obositoare**	*tiring programmes*
un vin **sec**	*a dry wine*
vinuri **seci**	*dry wines*

(e)   Yet others have two forms:

	m	**f**	**n**
singular	**mare**	**mare**	**mare**
plural	**mari**	**mari**	**mari**

	m	**f**	**n**
singular	**dulce**	**dulce**	**dulce**
plural	**dulci**	**dulci**	**dulci**

Examples:

o fată **dulce**	*a sweet girl*

fete **dulci**	*sweet girls*
o mașină **mare**	*a large car*
mașini **mari**	*large cars*
un cartier **mare**	*a large borough*
cartiere **mari**	*large boroughs*

4 More numbers

(*a*) The numbers from 21 to 30:

21	**douăzeci și unu** or **douăzeci și una**
22	**douăzeci și doi** or **douăzeci și două**
23	**douăzeci și trei**
24	**douăzeci și patru**
25	**douăzeci și cinci**
26	**douăzeci și șase**
27	**douăzeci și șapte**
28	**douăzeci și opt**
29	**douăzeci și nouă**
30	**treizeci**

(*b*) The numbers up to 100 follow the same pattern, the multiples of ten from 40 to 90 are as follows:

40	**patruzeci**
50	**cincizeci**
60	**șaizeci**
70	**șaptezeci**
80	**optzeci**
90	**nouăzeci**

Examples:

35	**treizeci și cinci**	73	**șaptezeci și trei**
47	**patruzeci și șapte**	99	**nouăzeci și nouă**
54	**cincizeci și patru**		

(*c*) The numbers from 100 are:

100	**o sută**
200	**două sute**
300	**trei sute,** etc.
1000	**o mie**
2000	**două mii**
3000	**trei mii**

| 1,000,000 | **un milion** |
| 2,000,000 | **două milioane** |

Here are several more examples:

201	**două sute unu, două sute una**
114	**o sută paisprezece**
365	**trei sute şaizeci şi cinci**
1992	**o mie nouă sute nouăzeci şi doi**
12353	**douăsprezece mii trei sute cincizeci şi trei**

(d) Don't forget that from 20 upwards **de** is used to link the numbers to a noun:

treizeci de lei	*30 lei (currency)*
o sută de kilometri	*100 kilometres*
două sute cincizeci de kilograme	*250 kilos*
douăzeci de mii de oameni	*20,000 people*
cinci milioane de dolari	*5 million dollars*
trei miliarde de lire sterline	*3 billion pounds*

(e) When expressing years, e.g. 1992, Romanian uses the formula *one thousand nine hundred ninety-two*: **o mie nouă sute nouăzeci şi doi**.

(f) In Romanian, a comma is used where a decimal point is found in English, e.g. **3,4** *3.4*. A full stop is used to distinguish thousands, e.g. **4.300** *4,300*.

5 Telling the time

As you saw at the beginning of this unit, you place **ora** in front of the numeral to express the time in Romanian:

    este ora patru   *it is four o'clock*

Ora is often omitted and **este** reduce to **e**.

e patru	*it's four*
e cinci	*it's five*
e cinci şi zece	*it's ten minutes past five*
e cinci şi un sfert	*it's a quarter past five*
e cinci şi jumătate	*it's half past five*
e şase fără un sfert	*it's a quarter to six*
e şase fără zece	*it's ten to six*

✳ Note that **e cinci şi jumătate** is commonly reduced in conversation to **e cinci jumate** and that **unu**, **două** and **douăsprezece** are used respectively for *one, two* and *12.*

e unu	*it's one (o'clock)*
e două fix	*it's precisely two*
la două	*at two*
până la două	*by two, until two*
pe la unu	*about one*

România și românii

Little in their history has given the Romanians cause for celebration. They frequently suffered at the hands of a succession of invaders (**invadatori**) and have lived for long periods under foreign rule (**stăpânire**). About the year 1000 Transylvania was conquered by the King of Hungary and, except for a brief period (**perioadă**) in the 16th century, remained under Hungarian control (**autoritate**) until 1918. Moldavia and Wallachia were created in the 1400s and both were ruled by Romanian princes (**domnitori**). The best known of these are remembered by the Romanians for their attempts to defend their domains against invaders from the north (**nord**) and south (**sud**) such as the Poles (**polonezi**) and Turks (**turci**). Stephen the Great (**Ștefan cel Mare**), Prince of Moldavia, defeated the Turks on several occasions and managed to keep Moldavia independent until his death (**moarte**) in 1504. In recognition of his exploits Stephen was called *The Athlete of Christ* by the Pope (**papă**).

The most celebrated, or rather, notorious ruler of Wallachia is Vlad Dracula the Impaler (**Vlad Țepeș**). Like his contemporary Stephen the Great, he fought against the Turks to keep Wallachia independent. Contemporaries wrote of his extreme cruelty towards prisoners whom he punished by impaling them on wooden stakes. His notoriety led the 19th-century novelist Bram Stoker to borrow the name of Dracula for the principal character in his horror story of the same name.

The points of the compass are:

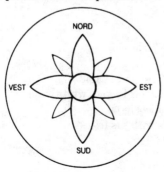

la sud de Londra *to the south of London*; **la nord de București** *to the north of Bucharest.*

Dialog

George asks Ion about how and when to buy some food.

George Ştii când este deschisă o alimentară în centru?
Ion Între opt dimineaţa şi opt seara. Ai nevoie de ceva?
George Da, vreau un litru de ulei, jumătate de kilogram de orez, un sfert de kilogram de măsline şi vin.
Ion Ce fel de vin, sec sau dulce?
George Vin roşu sec şi vin alb dulce.
Ion Şi măsline negre sau verzi?
George Măsline negre în ulei.
Ion La ce oră mergi la alimentară?
George Lucrez acasă între nouă şi douăsprezece, deci sunt liber la prânz.
Ion Cât e ceasul, te rog?
George E opt şi un sfert. De ce?
Ion Dacă ai timp acum, mergem împreună.
George Am timp până la nouă. Să mergem!

să mergem	let's go

Exerciţii

1 Listen to, or read, the dialogue again and write down the times mentioned.

2 True or false?
  (a) George asks when the grocer's closes.
  (b) Ion says it closes at 9pm.
  (c) George is working between 9am and 12am.
  (d) George would like to buy a bottle of sweet white wine.
  (e) George wants to buy black olives in oil.
  (f) George will go to the grocer's with his friend.
  (g) Ion tells George that it is 10.30am.

3   Fill in the right time:

opt fără un sfert   **șapte și douăzeci   unu jumate**
                            și cinci

două și un sfert   **trei și zece   douăsprezece
                                                        fără douăzeci**

4   Complete the blanks.
   (*a*)   Ion vorb _____ cu tine.
   (*b*)   Eu nu știi _____ cât e ceasul.
   (*c*)   El nu lucr _____ ?
   (*d*)   Dumneavoastră întreb _____ unde este o alimentară.
   (*e*)   Tu ie _____ autobuzul.
   (*f*)   Câte ore lucr _____ dumneavoastră?
   (*g*)   Ei știi _____ cât costă o sticlă cu vin.
   (*h*)   Noi dor _____ un litru de ulei.
   (*i*)   Dumneavoastră ved _____ o stație de metrou?
   (*j*)   Noi merg _____ împreună.
   (*k*)   Eu lucr _____ opt ore.
   (*l*)   Ele vorb _____ mult.

5   Find out in the puzzle whether the restaurant is open or closed, and between which hours:

șeptșaiesoîechsîrensit

— 47 —

6 Match the words in both columns:

(*i*) unde   (*a*) vorbeşte ea?
(*ii*) cât   (*b*) ore lucraţi?
(*iii*) cu cine   (*c*) ceasul?
(*iv*) ştiţi   (*d*) costă un kilogram de măsline?
(*v*) câte   (*e*) lucraţi?
(*vi*) cât este   (*f*) este o alimentară?

7 Complete the blanks with the correct form of the adjectives **bun, mare, mic, sec, dulce, obositor**. Use as many adjectives as possible.

(*a*) Este un program _____.
(*b*) Vreţi o cafea _____?
(*c*) Sunt băieţi _____.
(*d*) Ion vrea măsline _____.
(*d*) Doriţi o sticlă cu vin _____?
(*f*) Vorbesc cu o doamnă _____.

8 Translate into Romanian, writing down the figures in letters:
(*a*) This costs 265.000 lei.
(*b*) There are 100 km between Bucharest and Piteşti.
(*c*) George has 1.900.000 lei.
(*d*) Ion works 40 hours.
(*e*) The car costs 16.000.000 lei.
(*f*) I need 835.000 lei.

6
RECAPITULARE
Revision

 1   On the tape you will hear George counting money. Write down in figures each of the amounts mentioned. If you do not have the cassette write in full the numerals 20, 30 and so on to 100.

 2   Formulate questions to match these answers:
- (*a*)   Vreau o cafea și o bere rece.
- (*b*)   Nu avem aspirine, îmi pare rău.
- (*c*)   Asta costă 96 de lei.
- (*d*)   Mă numesc Ion Georgescu.
- (*e*)   Nu suntem români, suntem englezi.
- (*f*)   Avem doi copii.
- (*g*)   Stăm aici o săptămână.
- (*h*)   Luați tichete de la chioșc.
- (*i*)   Merg cu autobuzul.

3   Using the 24-hour clock write the following down in letters: 12.15 am, 17.45, 13.30, 14.50, 20.20, 22.00.

4   Provide all the information you can about yourself.
Example: mă numesc Ana, sunt studentă, am douăzeci de ani.

5   Ask for directions to get from position 1 to a chemist's shop and a grocer's, and from position 2 to a tube station and a hotel.
Example: Cum merg spre o farmacie?

6 Using the map here answer the questions put in Exercise 5.

7 Translate into English:

Mă numesc John Smith. Sunt englez. Sunt căsătorit și am doi copii, o fată și un băiat. Nu vorbesc bine românește. Stau în România două sau trei săptămâni. Dumneavoastră cum vă numiți? Aveți copii?

8 Translate into Romanian:

Where do we catch a bus for the station, please? We need bus tickets. Where can we get tickets from? We do not have time to queue up. Can we go on foot? How long will it take us to get to the station if we go on foot?

9 Find the words which introduce the following questions:

(*a*) copii aveți?
(*b*) este o stație de metrou?
(*c*) este deschisă alimentara?
(*d*) e ceasul, vă rog?
(*e*) stații sunt până la gară?

10 Answer the questions following the example:

Example: Vorbiți românește? Da, vorbesc.

(*a*) Vorbiți românește? Da, _____
(*b*) Ești englez? Da, _____
(*c*) Mergi la Cluj? Da, _____
(*d*) Știți cât e ceasul? Da, _____
(*e*) Lucrați acum? Da, _____
(*f*) Vezi un taxi? Da, _____
(*g*) Vrei o cafea? Da, _____
(*h*) Ai mașină? Da, _____

11 Use **nu** to answer the questions.

Example: Stai mult? Nu, nu stau mult.

(*a*) Stai mult? Nu, nu _____
(*b*) Costă 200 de lei? Nu, nu _____
(*c*) Ai copii? Nu, nu _____
(*d*) Mergi cu autobuzul? Nu, nu _____
(*e*) Ai un telefon? Nu, nu _____
(*f*) Luați tichete de la chioșc? Nu, nu _____
(*g*) Vă numiți Ion? Nu, nu _____
(*h*) Lucrați până la ora 6? Nu, nu _____

7
CĂUTÂND CAMERĂ LA HOTEL

Finding somewhere to stay

In this unit you will learn

- to say *the* in Romanian
- to address people
- to use reflexive verbs
- to use the subjunctive
- to say *also, still, another*

Before you start

In Romania, you will see many signs **De închiriat** meaning *to rent, to let, to hire*. You can rent cars, houses, and flats. In the newspapers you'll find advertisements offering different things for hire or for rent. **Example: De închiriat: apartament cu două camere, central.** *To let: two-room flat, centrally situated.*

 ———— Cuvinte cheie ————

agenție, agenții (f) agency	**cald, caldă, calzi, calde** warm
apartament, apartamente (n) flat,	**a căuta** to look for
apartment	**a cere** to ask

cinema (n)   cinema
comod, comodă, comozi, comode
   comfortable
convenabil, convenabilă,
   convenabili, convenabile
   convenient, suitable
a cumpăra   to buy
dar   but
degeaba   in vain
direct   directly
a se duce   to go
duş, duşuri (n)   shower
film, filme (n)   film
frig (n)   cold
garaj, garaje (n)   garage
a găsi   to find
ieftin, ieftină, ieftini, ieftine   cheap
incomod, incomodă, incomozi,
   incomode   inconvenient
a închiria   to hire, to rent, to let
lift, lifturi (n)   lift
mai   still, in addition
mamă, mame (f)   mother
a parca   to park
preşedinte, preşedinţi (m)   president
recepţioner, recepţioneri (m)
   receptionist

recepţioneră, recepţionera (f)
   receptionist
a repara   to repair
scump, scumpă, scumpi, scumpe
   expensive, dear (affectionate)
a se spăla   to wash
special, specială, speciali, speciale
   special
stricat, stricată, stricaţi, stricate
   damaged, out of order
şi   and, also, too
ştii cumva   do you know by
   chance?
tată, taţi (m)   father
tot   also, still, continuously
a trebui   to have to
a se uita (la)   to look (at)
a vrea   to want
ziar, ziare (n)   daily newspaper
chiar dacă   even if
destul de   fairly
de închiriat   to let
mai uşor   easier
merge   it works
mica publicitate   small ads
pentru că   because

Explicaţii

1 'The'

In Unit 2, you were introduced to **un** and **o** (*a* or *an*). Grammatically speaking, *a* and *an* are known as indefinite articles. *The* is called the definite article. Unlike in English, or in most European languages, there isn't a separate word for *the* in Romanian; *the* is expressed by adding an ending to the noun and this ending changes to indicate whether the noun is singular or plural, masculine, feminine or neuter.

Adopting the pattern of presentation of *a* forms in Units 2 and 3, we can classify the *the* forms of the Romanian noun as follows:

(*a*) masculine nouns ending in a consonant:
    românul   *the Romanian*
    românii   *the Romanians*

(*b*) masculine nouns ending in a vowel:
    câinele   *the dog*   **metrul**   *the metre*
    câinii   *the dogs*   **metrii**   *the metres*
    leul   *the lion (unit of currency)*
    leii   *the lions (units of currency)*

Note:
    tatăl   *the father*
    tații   *the fathers*

(*c*) feminine nouns ending in **-ă**:
    sticla   *the bottle*
    sticlele   *the bottles*

(*d*) feminine nouns ending in **-e**:
    berea   *the beer*
    berile   *the beers*

(*e*) feminine nouns ending in **-ură**:
    prăjitura   *the tea cake*
    prăjiturile   *the tea cakes*

(*f*) feminine nouns ending in **-ie**:
    cofetăria   *the coffee house*
    cofetăriile   *the coffee houses*

(*g*) feminine nouns ending in **-ea**:
    cafeaua   *the coffee*
    cafelele   *the coffees*

(*h*) neuter nouns ending in a consonant:
    biletul   *the ticket*   **trenul**   *the train*
    biletele   *the tickets*   **trenurile**   *the trains*

(*i*) neuter nouns ending in a vowel:
    taxiul   *the taxi*   **biroul**   *the office*
    taxiurile   *the taxis*   **birourile**   *the offices*

(*j*) Some further observations about *the* in Romanian:
As pointed out in Unit 4 words indicating position or direction like **pe** or **spre** do not require a form for *the*. Thus **pe stradă** means *on the*

street. However, there is one exception: **cu** meaning *with* or *by* can be followed by a noun expressing *the*. Thus in the dialogue you will see the example **cu recepţionera** *with the receptionist.*

Compare:

Sunt la hotel, în cameră.	*I am at the hotel in my room.*
Suntem la poştă, la coadă.	*We are the post-office, in a queue.*
Ea este la bazin.	*She is at the swimming pool.*
with: **Plecăm cu maşina.**	*We are leaving by car.*
Mergem cu metroul.	*We are going on the underground.*

However, words like **pe** and **spre** do require the *the* form when the noun is qualified:

sunt la hotel	*becomes*	sunt la hotel**ul Bucureşti**
este în cameră		este în camer**a 502**
plecăm la poştă		plecăm la poşt**a centrală**

2 Addressing people

When referring to a person by name or title, e.g. *Mr Popescu, Mrs Popescu, Miss Popescu, Dr Popescu, President Popescu,* the *the* forms of the title are used:

domnul Popescu   **doamna** Popescu   **domnişoara** Popescu
doctorul Popescu   **preşedintele** Popescu

However, when you call out to them, or summon them, or simply address them in the street a form of the noun called the vocative is used. In Unit 1 you met:

domnule Porter   **doamnă Enescu**

which are vocative forms. You will see that male titles receive the ending **-e** and some female titles **-ă**.

Here are some more examples of male titles:

	Nicu	becomes	**Nicule!**	*Nick!*
	Radu	becomes	**Radule!**	*Radu!*
	Dan	becomes	**Dane!**	*Dan!*
but	**Mihai**	remains	**Mihai!**	*Michael!*
	domnul	becomes	either	**domnule!**	*Sir!*
			or	**Doamne!**	*Lord!*
	domnule profesor!		rather than	*Profesore!*	

domnule doctor!	rather than	*Doctore!*

Note the unusual: **Tată!** *Dad*

With feminine names either the indefinite form is used as in the following:

doamnă Enescu!	*Mrs Enescu!*
mamă!	*mum!, mother!*
doamnă doctor!	
doamnă profesor!	

or **-a** and **-o** can be used instead of **-ă**:

Ana! = Ano!	*Ann!*
Elena! = Eleno!	*Helen!*
Maria! = Mario!	*Maria!*

In the plural we may find either:

băieţi! or **băieţilor!**	*lads!*
copii! or **copiilor!**	*children!*

but simply:

doamnelor şi domnilor!	*ladies and gentlemen!*

3 Reflexive verbs

A reflexive verb expresses an action that is turned back upon the subject, e.g. *I wash myself. Myself* is called a reflexive pronoun in English. The equivalent phrase in Romanian is **mă spăl. Mă** means *myself*.

We have already used some reflexive forms in Unit 3: **Mă numesc** *my name is* can also be translated as *I call myself*. Similarly, **cum vă numiţi?** *what is your name?* has the additional meaning of *what do you call yourself?*

(*a*) A reflexive verb in Romanian is made up of the verb preceded by the required form of the reflexive pronouns. The reflexive pronouns in Romanian are:

mă	myself	**ne**	ourselves
te	yourself	**vă**	yourselves, yourself
se	himself, herself, itself	**se**	themselves

It is the form **se** that appears in the *to* form of all reflexive verbs. Thus *to wash oneself* is **a se spăla**.

(b) You must take care to use the appropriate reflexive pronoun, the one that matches *I, you, he, she, it, we* and *they*. You already know these forms in Romanian from Unit 4. Here they are again, beside the reflexive pronouns:

eu mă	**noi ne**
tu te	**voi (dumneavoastră) vă**
el se	**ei se**
ea se	**ele se**

Note that **el, ea, ei, ele** all take the same reflexive form **se**.

(c) In many instances a verb that is reflexive in Romanian is also reflexive in English: **a se spăla** *to wash oneself* is an example. Here are its forms:

a se spăla

mă spăl	*I wash myself*	**ne spălăm**	*we wash ourselves*
te speli	*you wash yourself*	**vă spălați**	*you wash yourselves*
se spală	*he or she washes himself*	**se spală**	*they wash themselves*

(d) There are, however, several exceptions. In this unit we shall meet two verbs which are reflexive in Romanian but not in English. They are: **a se duce** *to go* and **a se uita** *to look*.

A se uita belongs to the first type of verb ending in **-a**:

mă uit	*I look*	**ne uităm**	*we look*
te uiți	*you look*	**vă uitați**	*you look*
se uită	*he, she, it looks*	**se uită**	*they look*

A se duce belongs to the third type of verb ending in **-e**:

mă duc	*I go*	**ne ducem**	*we go*
te duci	*you go*	**vă duceți**	*you go*
se duce	*he, she, it goes*	**se duc**	*they go*

(e) Common reflexive phrases.

Cum se spune? = Cum spunem?	*How do we say?*
Cum se traduce? = Cum traducem?	*How do we translate?*
Cum se scrie? = Cum scriem?	*How do we write?*
Cum se cere? = Cum cerem?	*How do we ask for?*

4 The subjunctive

In Romanian a special form of the verb is used in the third person in phrases which are linked by the word **să**. In most cases **să** is translated in English by *to*. This special form of the verb is known technically as the subjunctive and it differs from the non-subjunctive (so-called indicative) forms which you have met up to now only in the third person. Here are some examples. Note that the special form only occurs when preceded by **să** and that it is identical in the singular and plural:

el are	*he has*	**el vrea să aibă**	*he wants to have*
ei au	*they have*	**ei vor să aibă**	*they want to have*
el întreabă	*he asks*	**el vrea să întrebe**	*he wants to ask*
ei întreabă	*they ask*	**ei vor să întrebe**	*they want to ask*
el lucrează	*he works*	**el vrea să lucreze**	*he wants to work*
ei lucrează	*they work*	**ei vor să lucreze**	*they want to work*
el vede	*he sees*	**el vrea să vadă**	*he wants to see*
ei văd	*they see*	**ei vor să vadă**	*they want to see*
el merge	*he goes*	**el vrea să meargă**	*he wants to go*
ei merg	*they go*	**ei vor să meargă**	*they want to go*
el ştie	*he knows*	**el vrea să ştie**	*he wants to know*
ei ştiu	*they know*	**ei vor să ştie**	*they want to know*
el citeşte	*he reads*	**el vrea să citească**	*he wants to read*
ei citesc	*they read*	**ei vor să citească**	*they want to read*

(*a*) Unlike any other verb **a fi** *to be* has a complete set of special forms when preceded by **să**:

vreau să fiu	*I want to be*	**vrem să fim**	*we want to be*
vrei să fii	*you want to be*	**vreţi să fiţi**	*you want to be*
vrea să fie	*he wants to be*	**vor să fie**	*they want to be*

Note also the forms of the verb **a vrea** *to want*.

(*b*) Certain verbs are usually followed by **să**. Two of the most common are **a trebui** *to have to, must* and **a putea** *to be able to*. In the present tense **a trebui** has a single form:

trebuie să găsesc	*I must find*	**trebuie să găsim**	*we must find*

trebuie *să* găsești	*you must find*	**trebuie *să* găsiți**	*you must find*
trebuie *să* găsească	*he must find*	**trebuie *să* găsească**	*they must find*
pot *să* găsesc	*I can find*	**putem *să* găsim**	*we can find*
poti *să* găsești	*you can find*	**puteți *să* găsiți**	*you can find*
poate *să* găsească	*he can find*	**pot *să* găsească**	*they can find*

(c)   A number of expressions are followed by **să**:

E mai ușor să închiriez o mașină.   *It is easier (for me) to hire a car.*

E mai comod să mergem pe jos.   *It is more convenient (for us) to go on foot.*

5   'Mai', 'și', 'tot'

You have already met **mai** with its meaning of *more* and **și** with its meaning of *and*. Both are commonly used in everyday speech with other meanings. Below are some examples. Note their position in Romanian. It does not often correspond to its equivalent in English.

Mai vreți o cafea?   *Do you want another cup of coffee?*

Mai stați aici?   *Are you going to stay any longer?*

George se mai uită la film.   *George is still watching the film.*

Ana merge la cinema. Și George merge.   *Ann is going to the cinema. George is going too.*

Și George și Ana merg la cinema.   *Both George and Ann are going to the cinema.*

Tot can mean *too*, *still* or *continuously*.

Ana merge tot la cinema.   *Ann is going to the cinema too.*

Ana tot merge la cinema.   *Ann keeps going to the cinema.*

Ana tot nu vorbește englezește.   *Ann still doesn't speak English.*

România și românii

One of the figures of history whom the Romanians celebrate is Michael the Brave (**Mihai Viteazul**) who for the briefest of periods at the beginning of the 17th century brought all Romanians together under one ruler. After he came to the throne of Wallachia in 1593 Michael rose against the Turks and defeated them in the same year. Following this success Michael crossed the Carpathian mountains (**munții Carpați**) into Transylvania, defeated its Hungarian prince, and entered the capital Alba Iulia in 1600 as the ruler of Wallachia, Moldavia and Transylvania. This was the first time that the Romanians in all three provinces were nominally united but the union was shortlived. In 1601 Michael was murdered and each of the three provinces reverted to separate rule.

In 1812 the eastern half of Moldavia, with its mainly Romanian population, was annexed by the Tsar of Russia and renamed Bessarabia (**Basarabia**). It remained under Russian rule until 1918. In 1859 the rump of Moldavia and Wallachia were united and were given the name Romania. In 1878 the province of Dobrogea (**Dobrogea**) on the Black Sea, which in the 15th century had been captured by the Turks and which had many Romanian inhabitants, was surrendered to Romania after a war (**război**) between the Turks and the joint armies of Russia and Romania. This expansion of Romania was literally crowned three years later by the coronation of Charles, a German prince, as Carol I, the first King of Romania.

Dialog

George can't stay at the hotel much longer and he wants to find a flat to rent but he doesn't know how to go about it.

George Trebuie să caut un apartament. Nu mai vreau să stau la hotel.

Ana De ce? E scump?

George Da, e foarte scump.

Ana Dar e comod să stai la hotel.

George Nu este comod: liftul nu merge, dușul e stricat ...

Ana Trebuie să ceri să repare liftul și dușul. De ce nu vorbești cu recepționera?

George Degeaba! Și nu este un autobuz direct spre centru.

Ana N-ai mașină?

George Nu am. Știi cumva unde pot să găsesc apartament și mașină de închiriat?

Ana   Poți să găsești ceva convenabil în ziar, la mica publicitate.
George Dar n-am timp să caut.
Ana   Atunci e mai ușor să mergi la o agenție.

 ─────────── **Exerciții** ───────────

1 Listen to the dialogue and answer the following questions. If you do not have the cassette refer to the text.
   (a) Why does George want to move from the hotel?
   (b) What does Ana suggest he do to improve things?
   (c) What is George intent on doing?
   (d) Where does Ana tell George to look for a flat?

2 True or false?
   (a) George is looking for a house.
   (b) The room in the hotel is cheap.
   (c) There is not a direct bus to the centre of town.
   (d) The shower does not work.
   (e) George wants to rent a car and nothing else.

3 Write the form with *the* in Romanian for each noun.
   Example: bilet, biletul.
   (a) bilet   (f) cafele
   (b) sticlă   (g) lei
   (c) taxi   (h) dușuri
   (d) câine   (i) mașini
   (e) cofetării   (j) domn

4 Write the singular *the* form in Romanian for each noun.
   Example: munții, muntele.
   (a) munții   (f) autobuzele
   (b) centrele   (g) apartamentele
   (c) cofetăriile   (h) străzile
   (d) englezii   (i) hotelurile
   (e) orașele   (j) agențiile

5 Translate into English:
   (a) Trebuie să găsim un apartament și o mașină de închiriat.
   (b) Este prea cald să mergem pe jos.
   (c) Ei nu mai vor să stea la hotel și vor să găsească un apartament.
   (d) Liftul și dușul sunt stricate și trebuie să vorbim cu recepționera.

    (e)   Unde pot să parchez mașina?
    (f)   Casa are garaj?
    (g)   Hotelul este prea scump.
    (h)   Vreau să cer să repare dușul.

6 Supply the required subjunctive forms of the verbs in brackets.
Example: nu mai vrea să stea.
    (a)   George nu mai vrea să _____ la hotel (**a sta**).
    (b)   Vor să _____ ceva ieftin (**a găsi**).
    (c)   E mai comod pentru tine să _____ un apartament
(**a închiria**).
    (d)   El trebuie să _____ un ziar (**a lua**).
    (e)   Unde poate să _____ o agenție? (**a fi**).
    (f)   Dumneavoastră trebuie să _____ liftul (**a repara**).
    (g)   Puteți să _____ pe jos (**a merge**).
    (h)   Vrem să _____ o mașină (**a cumpăra**).

7 Translate into English:
    (a)   Mai aveți timp să reparați și liftul?
    (b)   Mergeți tot pe jos?
    (c)   Și el vine la hotel.
    (d)   Ei tot nu vorbesc bine englezește.
    (e)   Nu mai pot să stau la coadă la bilete.
    (f)   Și dumneavoastră vreți să vă uitați la mica publicitate?
    (g)   Mai doriți o cafea?
    (h)   Mai vrei să te duci acolo?

8 Translate into Romanian:
    (a)   I can go with you.
    (b)   They can work between 8.30am and 3pm.
    (c)   We can speak with him.
    (d)   You can take the bus from the hotel.
    (e)   He can ask where there is a taxi rank.
    (f)   You can stay at the hotel.

9 Fill in the blanks using the correct form of the reflexive pronoun.
Example: Eu mă duc la hotel.
    (a)   Eu _____ duc la hotel.
    (b)   Tu unde _____ duci?
    (c)   Vrem să _____ ducem la restaurant.
    (d)   _____ duceți acolo cu mașina?
    (e)   Ei unde trebuie să _____ ducă?
    (f)   Vlad _____ uită la televizor.
    (g)   _____ uit la ei.

10 Convert the following and answer the questions.

Example: Unde este un restaurant? Unde este restaurantul?

(a) Unde este un restaurant?

(b) Unde este un magazin?

(c) Unde este o berărie?

(d) Unde este o farmacie?

(e) Unde este o stație de metrou?

(f) Unde este un hotel?

(g) Unde este un ziar?

(h) Unde este un taxi?

8
PLANURI DE VIITOR
Planning Ahead

In this unit you will learn

- to use the future tense
- the *to* and *of* forms of nouns
- the days of the week and the months
- how to say *in* and *at*

Before you start

Note that the days of the week are feminine, but that the months, despite their appearance, are masculine.
Example: un septembrie frumos, un octombrie superb *a beautiful September, a superb October.*

Cuvinte cheie

afacere, afaceri (f)   business
aseară   yesterday evening
august (m)   August
coleg, colegă, colegi, colege
   colleague
calea ferată, căi ferate (f)   railway

a crede   to believe
a da   to give
dimineață, dimineți (f)   morning
duminică (f)   Sunday
expoziție, expoziții (f)   exhibition
februarie (m)   February

greu, grea, grei, grele heavy, difficult	**a scrie** to write
idee, idei (f) idea	**scrisoare, scrisori** (f) letter
ieri yesterday	**seară, seri** (f) evening
joi (f) Thursday	**sfârșit, sfârșituri** (n) end
liber, liberă, liberi, libere free, vacant	**sâmbătă** (f) Saturday
lung, lungă, lungi, lungi long	**spital, spitale** (n) hospital
luni (f) Monday	**școală, școli** (f) school
mare, mări (f) sea	**telefon, telefoane** (n) telephone, telephone call
martie (m) March	**timbru** (n) stamp
marți (f) Tuesday	**trecut, trecută, trecuți, trecute** past, last
miercuri (f) Wednesday	**a trimite** to send
munte, munți (m) mountain	**următor, următoare, următor, următoare** following
muzeu, muzee (n) museum	**viitor, viitoare, viitori, viitoare** future, next
niște some	**vineri** (f) Friday
noapte, nopți (f) night	**a avea de gând să** to intend to, to think of (doing)
pachet, pachete (n) packet, parcel	**a avea dreptate** to be right
partener, parteneri (m) partner	**a da un telefon** to make a telephone call
parteneră, partenere (f) partner	**în străinătate** abroad
pământ, pământuri (n) earth	**a merge la mare** to go to the seaside
plimbare, plimbări (f) walk	**a merge la munte** to go to the mountains
preț, prețuri (n) price	
prieten, prieteni (m) friend	
prin through	
răcoare (f) coolness	
război, războaie (n) war	
săptămână, săptămâni (f) week	

MAI 1997	MAI 1997
19 luni	23 vineri
20 marți	24 sâmbătă
21 miercuri	25 duminică
22 joi	

Explicații

1 The future

In Unit 5, you saw that the present tense could be used in Romanian to express the near future: **ea merge mâine** *she is going tomorrow, she'll go tomorrow.*

Future time, however, even the near future, is more commonly expressed in everyday speech by using the verb forms with **să** which you met in the previous unit preceded by **o** which does no change. Here are examples using the verb types seen previously.

o să întreb	*I will ask*	**o să întrebăm**	*we will ask*
o să întrebi	*you will ask*	**o să întrebați**	*you will ask*
o să întrebe	*he, she will ask*	**o să întrebe**	*they will ask*
o să lucrez	*I will work*	**o să lucrăm**	*we will work*
o să lucrezi	*you will work*	**o să lucrați**	*you will work*
o să lucreze	*he, she will work*	**o să lucreze**	*they will work*
o să văd	*I will see*	**o să vedem**	*we will see*
o să vezi	*you will see*	**o să vedeți**	*you will see*
o să vadă	*he, she will see*	**o să vadă**	*they will see*
o să merg	*I will go*	**o să mergem**	*we will go*
o să mergi	*you will go*	**o să mergeți**	*you will go*
o să meargă	*he, she will go*	**o să meargă**	*they will go*
o să știu	*I will know*	**o să știm**	*we will know*
o să știi	*you will know*	**o să știți**	*you will know*
o să știe	*he, she will know*	**o să știe**	*they will know*
o să citesc	*I will read*	**o să citim**	*we will read*
o să citești	*you will read*	**o să citiți**	*you will read*
o să citească	*he, she will read*	**o să citească**	*they will read*

2 'To a', 'of a'

In Unit 2, you met **un** and **o** to express *a* or *an*. When you want to indicate *to a*, as in *I give to a Romanian* or *of a* as in *the car of a Romanian woman, a Romanian woman's car* the forms of **un** and **o** change respectively to **unui** and **unei**:

> **unui român**   *to/of a Romanian*

unei române *to/of a Romanian woman*

However, note that while the form of **român** remains unchanged cf. **un român** *a Romanian*, that of **române** has modified cf. **o româncă** *a Romanian woman*, and is in fact the same as the plural form (**române** also means *Romanian women*). To help you use the correct feminine form of the noun with **unei** just remember that it is always the same as the plural.

To indicate *of* or *to* with plural nouns both **un** and **o** change to the same form **unor**:

> **unor români** *to/of (some) Romanians*
> **unor române** *to/of (some) Romanian women*

Romanian, instead of using two words *to a, of a*, as in English, indicates these meanings by changing the endings of **un** and **o**. Here are some examples with, for comparison, the **un** and **o** forms.

(a) Masculine nouns

> **un câine** *a dog*
> **unui câine** *to/of a dog*
> **unor câini** *to/of (some) dogs*
> **un prieten** *a friend*
> **unui prieten** *to/of a friend*
> **unor prieteni** *to/of (some) friends*

(b) Feminine nouns

> **o maşină** *a car*
> **unei maşini** *to/of a car*
> **unor maşini** *to/of (some) cars*
> **o carte** *a book*
> **unei cărţi** *to/of a book*
> **unor cărţi** *to/of (some) books*
> **o cofetărie** *a coffee shop*
> **unei cofetării** *to/of a coffee shop*
> **unor cofetării** *to/of (some) coffee shops*
> **o cafea** *a coffee*
> **unei cafele** *to/of coffee*
> **unor cafele** *to/of (some) cups of coffee*

(c) Neuter nouns

> **un tren** *a train*

unui tren	*to/of a train*
unor trenuri	*to/of (some) trains*
un fotoliu	*an armchair*
unui fotoliu	*of/to an armchair*
unor fotolii	*of/to (some) armchairs*

In the above examples you have seen that the form **unor** can mean *of/to some* thing or another. There is no special form of **un** or **o** for just *some*; instead the word **niște**, which remains invariable, is used e.g. **niște fotolii** *some armchairs*.

(d) Uses of the *to* and *of* forms

The *to* forms are most commonly found in use with verbs such as *to give to, to send to, to write to*:

Dau bani unui prieten.	*I am giving money to a friend.*
Trimitem un pachet unor colegi.	*We are sending a packet to some colleagues.*
De ce nu scrii unei prietene?	*Why don't you write to a girl friend?*

The *of* forms also denote possession:

cărțile unor studenți	*the books of some students*
mașina unei studente	*a student's car*
prețul unei beri	*the price of a beer*

(e) Adjectives

As pointed out in Unit 5 page 41, Romanian requires adjectives to adapt their forms to those of the noun. And so just as the endings of nouns change to indicate the *to* and *of* forms, so too do those of adjectives accompanying the nouns. Study these examples of adjectives used with the nouns given above:

Masculine

un câine mare	*a big dog*
unui câine mare	*to/of a big dog*
unor câini mari	*to/of (some) big dogs*
un prieten bun	*a good friend*
unui prieten bun	*to/of a good friend*
unor prieteni buni	*to/of (some) good friends*
un copil obositor	*a tiring child*
unui copil obositor	*to/of a tiring child*
unor copii obositori	*to/of (some) tiring children*

Feminine

o maşină mare	*a big car*
unei maşini mari	*to/of a big car*
unor maşini mari	*to/of (some) big cars*
o carte bună	*a good book*
unei cărţi bune	*to/of a good book*
unor cărţi bune	*to/of (some) good books*
o cafea mică	*a small coffee*
unei cafele mici	*to/of a small coffee*
unor cafele mici	*to/of (some) small cups of coffee*
o zi obositoare	*a tiring day*
unei zile obositoare	*to/of a tiring day*
unor zile obositoare	*to/of tiring days*

Neuter

un tren lung	*a long train*
unui tren lung	*to/of a long train*
unor trenuri lungi	*to/of (some) long trains*
un fotoliu greu	*a heavy armchair*
unui fotoliu greu	*to/of a heavy armchair*
unor fotolii grele	*to/of (some) heavy armchairs*
un program obositor	*a tiring programme*
unui program obositor	*to/of a tiring programme*
unor programe obositoare	*to/of tiring programmes*

3 Dates and expressions of time

(a) The days of the week are written, unlike in English, with small initial letters:

luni	*Monday*
marţi	*Tuesday*
miercuri	*Wednesday*
joi	*Thursday*
vineri	*Friday*
sâmbătă	*Saturday*
duminică	*Sunday*

When the day indicates a regular occurrence, or is followed by an adjective, the definite article (*the*) is added in Romanian:

lunea	*on Mondays*
marţea	*on Tuesdays*
miercurea	*on Wednesdays*

joia	*on Thursdays*
vinerea	*on Fridays*
sâmbăta	*on Saturdays*
duminica	*on Sundays*

---

lunea viitoare	next Monday	**vinerea mare**	Good Friday
joia trecută	last Thursday	**duminica mare**	Easter Sunday

Occasionally the plural forms of the days with the definite article are used to denote regular occurrences:

vinerile *on Fridays*

(*b*) The months are also written with small initials. Remember that they are all masculine:

ianuarie	**mai**	**septembrie**
februarie	**iunie**	**octombrie**
martie	**iulie**	**noiembrie**
aprilie	**august**	**decembrie**

un martie cald *a warm March*

(*c*) When writing the date in Romanian, the numeral is placed before the month:

11 martie (unsprezece martie) *March 11th*

For *the second*, the form **două** is used:

2 iunie (două iunie) *June 2nd*

The form **întîi** is used to mean *the first*:

1 ianuarie (întâi ianuarie) *January 1st*

Note the following constructions:

azi e 10 august 1991 (o mie nouă sute nouăzeci şi unu)	*today is August 10th 1991*
azi suntem în 10 august	*it is August 10th today*
azi e 10 august	*it is August 10th today*
pe 5 aprilie	*on April 5th*
la 5 aprilie	*on April 5th*

(*d*) You have already been introduced to a few words denoting the time of day such as **seară** *evening*. Here is a list of further expressions of time:

dimineaţă *morning*

după-masă	afternoon
după-amiază	afternoon
seară	evening
noapte	night
zi	day

By adding the definite article to these nouns they are made to express a period of time:

dimineața	in the morning
seara	in the evening
noaptea	at night
ziua	during the day
după-masa	in the afternoon
după-amiaza	in the afternoon

Other expressions:

ieri dimineață	yesterday morning
azi la prânz	this lunchtime
mâine după-masă	tomorrow afternoon
aseară	yesterday evening, last night
deseară	this evening, tonight
astă-seară	this evening, tonight
mâine seară	tomorrow evening
azi noapte	last night

Note that **deseară** is used if the speaker is talking in the morning and **astă-seară** if he/she is talking in the late afternoon:

de azi într-o săptămână	a week today
peste două săptămâni	within a fortnight
acum un an	a year ago
anul trecut	last year
anul viitor	next year
odată pe an	once a year
de două ori pe an	twice a year

The definite article is added to the noun in the following:

săptămâna trecută	last week
săptămâna viitoare	next week
săptămâna următoare	the following week
joia dimineața	on Thursday mornings
joia seara	on Thursday evenings

4 'At' and 'in'

(*a*) **în** *in* when followed by **un** and **o** becomes **într-**:

într-o maşină	*in a car*

but don't forget:

în maşină	*in the car*

la can mean both *at* and *to*:

sunt la restaurant	*I am at the restaurant*
vin la restaurant	*I am coming to the restaurant*

în is used with the names of places when the speaker is in the same place to which he/she is referring:

Eu sunt în Bucureşti.	*He is in Bucharest.*

(*b*) With countries only **în** can be used, irrespective of where the speaker is:

Unde este Ana?	*Where is Ana?*
Ea este în România.	*She is in Romania.*
Unde pleacă George?	*Where is George going?*
El merge în România.	*He is going to Romania.*

with towns we find **la**:

Unde merge Elena?	*Where is Helen going?*
Ea merge la Bucureşti.	*She is going to Bucharest.*

similarly:

De unde vine ea?	*Where is she coming from?*
Ea vine din România.	*She is coming from Romania.*
De unde vine el?	*Where is he coming from?*
El vine de la Londra.	*He is coming from London.*

You will note that **de + in = din**
  de + la = de la

beware of confusing these with the phrases:

Ea este din România.	*She is **from** Romania.*
Ea este din Londra.	*She is **from** London.*

Compare: **din Anglia, de la Londra**
  din Statele Unite, de la New York
  din Italia, de la Roma

din Egipt, de la Cairo
din Franța, de la Paris

(c) **Din** and **de la** may also be found where in English we would use
who is/was in. Thus in the dialogue we will meet the phrase:

O să scriu scrisori unei   *I shall write letters to a girl*
prietene din Anglia.   *friend (who is) in England.*

Note these other examples:

Prietenul de la mare este   *The friend (who was) at the*
american.   *seaside is American.*

Oamenii din oraș nu sunt   *The people (who are) in the*
prietenoși, pe când   *town aren't as friendly*
oamenii de la țară sunt   *whereas the people (who are)*
foarte primitori.   *in the countryside are very*
                                      hospitable.

România și românii

The end (**sfârșit**) of the First World War (**primul război mondial**) saw the union of all the regions inhabited by Romanians. The provinces of Transylvania, Banat and Bessarabia were added to the country to create what Romanians called **România Mare**. During the reigns of Ferdinand (1914–27), Carol II (1930–40) and Michael (1940–47), efforts were made to develop Romania. Modern highways (**șosele**) were built, a public bus, rail (**calea ferată**) and air system was introduced, and electricity (**electricitate**), gas (**gaze**) and water (**apă**) were brought to the towns. More schools (**școli**) and hospitals (**spitale**) were also constructed. However, despite these advances the life of the peasants in the villages remained largely unchanged. Before the outbreak of the Second World Wor (**al dollea război mondial**) 80 per cent of Romania's 18 million people lived on the land (**pămînt**).

In June 1940, the Soviet Union seized Bessarabia, and two months later Romania lost more territory, this time to Hungary, when under pressure from Germany she was forced to give away the northern part of Transylvania. At the end of the Second World War in 1945 Soviet troops occupied Romania and the first steps were taken to communise the country. This involved the abolition of all institutions and the creation of new ones, and the imprisonment of all those who opposed this process. The complete subjugation (**subjugare**) of Romania to the Soviet Union was marked by King Michael's forced abdication (**abdicare**) in December 1947 and the proclamation (**proclamare**) of the Romanian People's Republic.

Dialog

Maria has trouble making a date with George because his week ahead is so busy.

Maria George, ce ai de gând să faci săptămâna viitoare?

George Încă nu știu...să văd. Cred că luni o să mă duc la un muzeu și apoi o să fac o plimbare prin Herăstrău.

Maria Nu vrei să mergi cu noi la mare sau la munte?

George Vreau să merg la mare în septembrie când este mai răcoare. În august e prea cald. La munte merg în ianuarie.

Maria Ai dreptate. Atunci o să mergem și noi cu tine în septembrie la mare. Dar marți ce faci?

George Marți și miercuri o să scriu scrisori unor prieteni din Anglia.

Maria Și joi?

George Joi dimineață o să trimit niște pachete cu cărți unui student iar vineri o să dau un telefon unui partener de afaceri.

Maria Dacă ești liber sâmbătă, putem merge la expoziții.

George Ce idee bună!

Exerciții

1 Listen to the dialogue and identify the correct answer. If you do not have the tape refer to the text.

Ce are de gând să facă George:

(*a*) luni ...   (*i*)   să meargă la gară.

            (*ii*)   să cumpere ceva.

            (*iii*)   să se ducă la un muzeu și apoi să facă o plimbare.

(*b*) marți și   (*i*)   să trimită o scrisoare unui partener de
    miercuri...   afaceri.

            (*ii*)   să scrie niște scrisori unor prieteni din Anglia.

            (*iii*)   să meargă la mare.

(c) joi...   (i)   să dea un telefon unui prieten.

                  (ii)   să stea acasă.

                  (iii)   să trimită niște pachete cu cărți unui student.

(d) vineri...   (i)   să facă o plimbare cu mașina.

                  (ii)   să vorbească cu niște prieteni.

                  (iii)   să dea un telefon unui partener de afaceri.

2   Write the form with *of a, to a* in Romanian for each noun

Example: bilet; unui bilet

(a)	bilet	(f)	telefon
(b)	taxi	(g)	muzeu
(c)	gară	(h)	mașină
(d)	plimbare	(i)	cafea
(e)	cofetărie	(j)	scrisoare

3   Write the corresponding singular or plural form with *of a, to a* in Romanian for each noun.

Example: englezi; unor englezi

(a)	englezi	(f)	prieteni
(b)	mări	(g)	carte
(c)	săptămână	(h)	zile
(d)	lună	(i)	oră
(e)	partener	(j)	studente

4   Translate into English:

(a) Trebuie să ceară unui prieten să trimită niște cărți în Anglia.

(b) Nu cred că o să fiu liber săptămâna viitoare.

(c) O să putem veni cu voi la mare în august.

(d) Duminică o să mă duc la o expoziție.

(e) Acum vrea să dea un telefon unei prietene.

(f) În iulie o să închiriem o mașină și o să mergem la mare.

(g) Peste trei săptămâni o să plecăm la munte.

(h) De azi în două săptămâni o să fiți la Londra.

5   Formulate questions in Romanian to obtain the answers in Exercise 4 above.

6   Complete the sentences using the indefinite article.

Example: Dau un telefon unor prieteni.

(a) Dau un telefon _____ prieteni.

(b) Scriem _____ scrisori _____ parteneri de afaceri.

(c) Dați _____ carte _____ profesor.

(d) Trimit _____ scrisoare _____ doctor.

(e) Spun _____ prietene să cumpere _____ ziare.

(f) Trimitem _____ ziar _____ studente (*only one*).

(g) Spuneţi _____ prietene _____ (*only one*) să meargă la _____ expoziţie.

7   Use the required form of **un** or **o**.
    Example: Este biletul unui domn.
    (a) Este biletul _____ domn.
    (b) Sunt maşinile _____ englezi.
    (c) Asta este casa _____ studente.
    (d) Este berea _____ prietene.
    (e) Sunt ziarele _____ copii.
    (f) Este apartamentul _____ colege (*only one*).
    (g) Sunt scrisorile _____ doctoriţe (*only one*).

8   Replace the present tense with the future.
    Example: Duminică cred că o să dau un telefon unui prieten din Anglia.
    (a) Duminică cred că dau un telefon unui prieten din Anglia.
    (b) Luni faceţi o plimbare prin oraş.
    (c) George se duce să trimită cărţi unor studenţi.
    (d) Cred că are dreptate: în august este prea cald să ne ducem la mare.
    (e) Staţi la hotel cînd veniţi la Bucureşti.
    (f) Credeţi că sunteţi liber săptămâna viitoare?
    (g) Nu ştiu dacă am timp să stau la coadă la bilete.
    (h) Poate luăm autobuzul spre centru.

9   Translate into Romanian:
    (a) A week today I shall go to Paris.
    (b) George will come to Bucharest next week.
    (c) Tomorrow afternoon we'll buy a car.
    (d) This evening we'll see a film.
    (e) Twice a year he sends books to some colleagues.
    (f) On Saturdays I write letters to some friends in the U.K.

9
CE S-A ÎNTÂMPLAT?
What has happened?

In this unit you will learn
- to say things that have taken place in the past
- to use adjectives denoting possession
- to use the *to the* and *of the* forms of nouns
- to denote reported speech

Before you start

Note that you will often hear the question **Ce ai/aţi făcut cu?** *What have you done with?* **Example: Ce ai făcut cu casa?** *What have you done with the house?*

Cuvinte cheie

acrobat, acrobaţi (m) acrobat	**cârciumă, cârciumi** (f) pub
amabil, amabilă, amabili, amabile kind, pleasant	**colţ, colţuri** (n) corner
	a comanda to order (a meal, etc)
antreu, antreuri (n) entrance hall	**deasupra** above, on top of
balcon, balcoane (n) balcony	**devreme** early
calitate, calităţi (f) quality	**etaj, etaje** (n) floor, storey
cheie, chei (f) key	**a se grăbi** to hasten, to hurry
a citi to read	**a suna** to ring, to telephone
a intra to enter	**superb, superbă, superbi, superbe** superb
a se imbrăca to get dressed	
încă yet	**a se întîmpla** to happen

a întârzia to be late, to delay	**a trece** to pass
a se întoarce to return	**a se trezi** to wake up
întotdeauna always	**tutungerie, tutungerii** (f)
loc, locuri (n) place, seat	tobacconist's
măsuţă, măsuţe (f) small table	**uşă, uşi** (f) door
a mânca to eat	**vedere, vederi** (f) view, sight
ocazie, ocazii (f) occasion	**aşa că** so that
orfelinat, orfelinate (n) orphanage	**Ba da!** Oh yes (it is)!
a pleca to leave	**bine că...** it's a good thing that...
portar, portari (m) caretaker,	**Cum adică?** How do you mean?
doorman	**Cum aşa?** How do you mean?
repede quickly	**la mine** on me, in my possession
roman, romane (n) novel	**a trece pe la (cineva)** to drop in on
a spune to say	someone
târziu late	**uite** look!

Explicaţii

1 Past tense

In Unit 4, (see page 32) you saw that Romanian verbs, like English
verbs, are divided into three phases of time, or tenses: past, present,
and future. You have already been introduced to the present and
future forms of verbs. This unit looks at the forms of the past tense.
These are made up by combining reduced forms of **a avea** *to have*
with a special form of the verb known as the past participle. Here are
some examples:

a lucra   *to work*

> Past participle   **lucrat**
> **am lucrat** *I have worked, I worked, I did work*
> **ai lucrat** *you have worked, you worked, you did work*
> **a lucrat** *he/she has worked, he/she worked, he/she did work*
> **am lucrat** *we have worked, we worked, we did work*
> **aţi lucrat** *you have worked, you worked, you did work*
> **au lucrat** *they have worked, they worked, they did work*

a vedea   *to see*

> Past participle   **văzut**
> **am văzut** *I have seen, I saw, I did see*
> **ai văzut** *you have seen, you saw, you did see*

a văzut	*he/she has seen, he/she saw, he/she did see*
am văzut	*we have seen, we saw, we did see*
ați văzut	*you have seen, you saw, you did see*
au văzut	*they have seen, they saw, they did see*

a merge *to go*

Past participle **mers**

am mers	*I have gone, I went, I did go*
ai mers	*you have gone, you went, you did go*
a mers	*he/she has gone, he/she went, he/she did go*
am mers	*we have gone, we went, we did go*
ați mers	*you have gone, you went, you did go*
au mers	*they have gone, they went, they did go*

a dori *to wish*

Past participle **dorit**

am dorit	*I have wished, I wished, I did wish*
ai dorit	*you have wished, you wished, you did wish*
a dorit	*he/she has wished, he/she wished, he/she did wish*
am dorit	*we have wished, we wished, we did wish*
ați dorit	*you have wished, you wished, you did wish*
au dorit	*they have wished, they wished, they did wish*

(*a*) As the examples show, the form of the past participle (**luca**t, **mers**) varies according to the type of verb.

With infinitives ending in **-a** and **-i** the past participle is formed by adding **-t**. The infinitive ending in **-ea** is replaced by **-ut** as is, in some instances, that ending in **-e**. Other infinitives ending in **-e** replace the ending with **-s**.

Examples:

Infinitive	Past participle	
a lua	**am lu**a**t**	*I took*
a veni	**am ven**i**t**	*I came*
a ave**a**	**am av**u**t**	*I had*
a be**a**	**am b**ă**ut**	*I drank*
a vre**a**	**am vr**u**t**	*I wanted*
a face	**am făc**u**t**	*I did*
a scrie	**am scri**s	*I wrote*
a spune	**am spu**s	*I said*

Note these unusual forms

a fi	**am fost**	*I was, I have been*
a ști	**am știut**	*I knew*

(*b*) To form the negative place **nu** in front of the reduced forms of **a avea**:

nu am spus	*I did not say*	**nu** am spus	*we did not say*
nu ai spus	*you did not say*	**nu** ați spus	*you did not say*
nu a spus	*he/she did not say*	**nu** au spus	*they did not say*

In colloquial usage **nu** is reduced to **n-**:

n-am spus	*I didn't say*	**n**-am spus	*we didn't say*
n-ai spus	*you didn't say*	**n**-ați spus	*you didn't say*
n-a spus	*he/she didn't say*	**n**-au spus	*they didn't say*

Note also:

Ce-ai spus?	*What did you say?*
Ce-a spus?	*What did he say?*

(*c*) Reflexive verbs. These verbs were introduced in Unit 7. Here are some examples of their past tense forms:

a se spăla   *to wash oneself*

m-am spălat	*I washed myself*
te-ai spălat	*you washed yourself*
s-a spălat	*he/she washed himself/herself*
ne-am spălat	*we washed ourselves*
v-ați spălat	*you washed yourselves*
s-au spălat	*they washed themselves*

a se duce

m-am dus	*I went*	**ne-am dus**	*we went*
te-ai dus	*you went*	**v-ați dus**	*you went*
s-a dus	*he/she went*	**s-au dus**	*they went*

(*d*) We can also use the **văzut**, **mers**, etc. forms with **a avea de** to mean *to have to* as in:

Am de citit cinci cărți.	*I have five books to read.*
Au de reparat multe mașini.	*They've got many cars to repair.*
Aveți multe de cumpărat?	*Have you got many things to buy?*

Compare:

am scris	with	**am de** scris
ai scris	with	**ai de** scris
a scris	with	**are de** scris
am scris	with	**avem de** scris

| **ați** scris | with | **aveți de** scris |
| **au** scris | with | **au de** scris |

2 'To the', 'of the'

In Unit 7, you were shown how to say *the* and, in Unit 8, *to a*, and *of a* with a noun. To indicate *to the* and *of the* you have to add endings to the Romanian noun which differ according to whether the noun is masculine, feminine, or neuter, singular or plural. Unlike in English there are no separate words for *to the*, *of the*. Here are some examples with, for comparison, the *the* forms introduced in Unit 7:

(a) Masculine nouns

câin**ele**	*the dog*
câin**elui**	*to/of the dog*
câin**ilor**	*to/of the dogs*
prieten**ul**	*the friend*
prieten**ului**	*to/of the friend*
prieten**ilor**	*to/of the friends*

(b) Feminine nouns

maşin**a**	*the car*
maşin**ii**	*to/of the car*
maşin**ilor**	*to/of the cars*
cart**ea**	*the book*
cărț**ii**	*to/of the book*
cărț**ilor**	*to/of the books*
cofetări**a**	*the coffee shop*
cofetări**ei**	*to/of the coffee shop*
cofetări**ilor**	*to/of the coffee shops*
cafe**aua**	*the coffee*
cafel**ei**	*to/of the coffee*
cafel**elor**	*to/of the coffees*

(c) Neuter nouns

tren**ul**	*the train*
tren**ului**	*to/of the train*
tren**urilor**	*to/of the trains*

fotoli*ul*	*the armchair*
fotoliu*lui*	*to/of the armchair*
fotoli*ilor*	*to/of the armchairs*

(d) Uses of the *to the* and *of the* forms

The *to the* forms are used with verbs such as *to send to, to give to, to say to*:

George Porter a spus prietenului său.	*George Porter told (to) his friend.*
Ana dă banii orfelinatului.	*Ann is giving the money to orphanage.*

And the *of the* forms are used to denote possession:

Am găsit uşa balconului deschisă.	*I found the door of the balcony open.*
Maşina vecinului nu porneşte.	*The neighbour's car won't start.*

You will find further examples in the dialogue.

(e) Names

To express *to* and *of* with names we precede them with **lui**:

Geamantanul *lui* George n-a venit.	*George's case hasn't arrived.*
Apartamentul *lui* Radu este de închiriat.	*Radu's flat is to let.*

Feminine names in **-a** may either be preceded by **lui** or have the ending **-ei**:

Casa Anei este în centru.	*Anne's house is in the centre*
Casa lui Ana este în centru.	*(of town).*

(f) Adjectives

The same forms of the adjectives are used with *to the*, *of the* forms of the noun as with *to a*, *of a*, examples of which are given in Unit 8.

(g) Position

Certain words denoting position such as **deasupra** *above* also require the *of the* form:

deasupra **tutungeriei**   *above the tobacconist's*
în faţa **magazinului**   *in front of the shop*
în spatele **restaurantului**   *behind the restaurant*

3 Possessive adjectives

Words denoting possession such as *my*, *your*, *his*, are called possessive adjectives. In Romanian, these behave in the same way as the other adjectives that you have already met such as **bun** *good* and **mare** *big*. Thus they follow the noun which is always in the definite article form and adapt their own forms to it by adding a variety of endings. The possessive adjectives are:

meu	*my*	**nostru**	*our*
tău	*your* (singular)	**vostru**	*your* (plural)
său	*his, her*		

Masculine

băiatul meu	*my boy, my son*	**băieţii mei**	*my boys*
băiatul tău	*your boy*	**băieţii tăi**	*your boys*
băiatul său	*his/her boy*	**băieţii săi**	*his/her boys*
băiatul nostru	*our boy*	**băieţii noştri**	*our boys*
băiatul vostru	*your boy*	**băieţii voştri**	*your boys*
băiatului meu	*of/to my boy*	**băieţilor mei**	*of/to my boys*
băiatului tău	*of/to your boy*	**băieţilor tăi**	*of/to your boys*
băiatului său	*of/to his/her boy*	**băieţilor săi**	*of/to his/her boys*
băiatului nostru	*of/to our boy*	**băieţilor noştri**	*of/to our boys*
băiatului vostru	*of/to your boy*	**băieţilor voştri**	*of/to your boys*

Feminine

fata mea	*my girl, my daugher*	**fetele mele**	*my girls*
fata ta	*your girl*	**fetele tale**	*your girls*
fata sa	*his/her girl*	**fetele sale**	*his/her girls*
fata noastră	*our girl*	**fetele noastre**	*our girls*
fata voastră	*your girl*	**fetele voastre**	*your girls*
fetei mele	*of/to my girl*	**fetelor mele**	*of/to my girls*
fetei tale	*of/to your girl*	**fetelor tale**	*of/to your girls*
fetei sale	*of/to his/her girl*	**fetelor sale**	*ofto his/her girls*
fetei noastre	*of/to our girl*	**fetelor noastre**	*of/to our girls*
fetei voastre	*of/to your girl*	**fetelor voastre**	*of/to your girls*

Neuter

ceasul meu	*my watch*	**ceasurile mele**	*my watches*
ceasul tău	*your watch*	**ceasurile tale**	*your watches*
ceasul său	*his/her watch*	**ceasurile sale**	*his/her watches*
ceasul nostru	*our watch*	**ceasurile noastre**	*our watches*
ceasul vostru	*your watch*	**ceasurile voastre**	*your watches*
ceasului meu	*of my watch*	**ceasurilor mele**	*of my watches*
ceasului tău	*of your watch*	**ceasurilor tale**	*of your watches*
ceasului său	*of his/her watch*	**ceasurilor sale**	*of his/her watches*
ceasului nostru	*of our watch*	**ceasurilor noastre**	*of our watches*
ceasului vostru	*of your watch*	**ceasurilor voastre**	*of your watches*

The adjective **său** is used when the possessor is the same person as the subject.

> **George se uită la ceasul său.**   *George looks at his watch.*

But **lui** *his* and **ei** *her* are also used in the third person singular.

> **George se uită la ceasul lui.**   *George looks at his watch.*

Lui and **ei** do not change their form. They are called pronouns. Other pronouns with an invariable form denoting possession are **dumnea-voastră (dvs.)** *your* which may be singular or plural, and **lor** *their*.

copilul **lui**	*his child*
copilul **ei**	*her child*
cartea **lor**	*their book*
trenul **dvs.**	*your train*
banii **lor**	*their money*

4 Reported speech

English statements such as *George said that he was looking for a flat* are expressed in Romanian as *George said that he **is** looking for a flat*. In other words, the tense of the original statement or question is preserved in Romanian:

George *vrea* un apartament.	*George wants a flat.*
George a spus că *vrea* un apartament.	*George said that he wanted a flat.*
Unde *este* gara?	*Where is the station?*
Ea a întrebat unde *este* gara.	*She asked where the station was.*

România şi românii

Nicolae Ceauşescu was the last of Romania's Communist leaders. He took office in 1965 and continued the policy of his predecessor Gheorghe Gheorgiu-Dej of developing Romania's industry (**industrie**). Romania began to produce televisions (**televizoare**), washing-machines, (**maşini de spălat**) and cars, but the labour needed for the factories took people away from the land. Furthermore, to pay for the investments (**investiţii**) for industry, food was diverted from the internal market to the export market with the result that by the early 1980s food rationing had to be introduced.

Enormous food queues (**cozi**) were a feature of daily life in the towns and cities and in the winter of 1984 quotas were introduced for the domestic consumption of gas and electricity. Most homes could be barely heated in winter. In addition, laws were introduced to force Romanians to report on any contact which they had with foreigners (**străini**). At the same time, Ceauşescu introduced a decree outlawing abortion and the use of contraceptive devices. Illegitimate births soared and many young children were placed in orphanages (**orfelinate**). By 1989, there were almost 200,000 children in care.

Dialog

George meets his friend Rodica in the street. He has a story to tell about his new flat.

Rodica	George, bine că ne-am întâlnit! Ieri am vrut să trec pe la tine să văd ce-ai făcut cu casa...
George	Cum adică, 'ce-am făcut cu casa?'
Rodica	Ai găsit un apartament de închiriat?
George	Ah, da, chiar pe strada asta. Uite, acolo, deasupra farmaciei ...

Rodica	Şi la ce etaj e apartamentul?
George	La etajul şapte.
Rodica	Ai o vedere frumoasă, nu-i aşa?
George	Aşa e. Am avut şi ocazia să descopăr că am calităţi de acrobat.
Rodica	Cum aşa?
George	Azi m-am trezit devreme, aşa că am stat în pat şi am citit un roman. Când m-am uitat la ceas, am văzut că e foarte târziu. M-am spălat repede, m-am îmbrăcat şi am plecat.
Rodica	Şi ai întârziat!
George	Nu. Dar când m-am întors acasă, am văzut că n-am cheile.
Rodica	Şi ce ai făcut?
George	Am sunat la vecin. A fost amabil şi a spus că pot trece de pe balconul lui pe balconul meu.
Rodica	Uşa balconului a fost deschisă?
George	Da.
Rodica	Şi cheile au fost în apartament?
George	Da, la locul lor, în antreu.

☑ ——————— **Exerciţii** ———————

1 Listen to the dialogue and answer the questions. If you do not have the tape consult the text.

(a) George s-a întâlnit cu Rodica ...
    (i) pe stradă.
    (ii) la hotel.

(b) La parterul blocului lui George este ...
    (i) un chioşc cu bilete.
    (ii) o farmacie.

(c) George s-a trezit ...
    (i) foarte târziu.
    (ii) prea devreme.

(d) Înainte să plece de acasă George ...
    (i) s-a spălat.
    (ii) s-a îmbrăcat.

(e) George a găsit cheile.
    (i) la parter.
    (ii) la vecin.
    (iii) în antreu.

2 Put the verbs of the following sentences into the past.

Example: Prietenul domnului Porter vrea să treacă pe la hotel să
vadă ce face George cu casa.

Prietenul domnului Porter a vrut să treacă pe la hotel
să vadă ce a făcut George cu casa.

(a) George găseşte un apartament de închiriat.

(b) George are ocazia să descopere că are calităţi de acrobat.

(c) Azi George se trezeşte şi stă în pat să citească un roman.

(d) George trece de pe balconul vecinului lui pe balconul lui pen-
tru a intra în apartament.

(e) George uită cheile în antreu.

3 Use the possessive adjective.

Example: Unde sunt cheile (*eu*)?

Unde sunt cheile mele?

(a) Apartamentul (*tu*) este la etajul opt?

(b) Cartea (*dvs*) este pe masă.

(c) Băiatul (*noi*) are 21 de ani.

(d) Biletele (*ei*) sunt în antreu.

(e) Scrisorile (*el*) sunt captivante.

(f) Hotelul (*voi*) este în centru.

(g) Vecinii (*noi*) au fost foarte amabili.

(h) Ţigările (*tu*) sunt pe masă.

(i) Am uitat unde am pus cartea (*ea*).

(j) Cum este vecinul (*el*).

(k) Televizorul (*ea*) merge foarte bine.

(l) Balconul apartamentului (*ele*) este mare.

4 Translate into English:

(a) Săptămâna trecută am vrut să trec pe la voi să văd dacă aţi
găsit o maşină de închiriat.

(b) Cred că o să am ocazia să văd un film bun la televizor.

(c) Lunea trecută liftul a fost stricat.

(d) Vecinii mei de palier sunt foarte amabili.

(e) M-am trezit destul de târziu şi a trebuit să mă grăbesc să nu
întârzii la serviciu.

5 Complete the blanks using the correct reflexive pronouns.

Example: _____ duc să cumpăr un ziar.

Mă duc să cumpăr un ziar.

(a) (Ei) _____ au dus la munte.

(b) (Ea) _____ a spălat pe cap.

(c) (Tu) _____ ai descurcat foarte bine.

(d) Nu știm dacă _____ ducem la mare.

(e) Când vreți să _____ uitați la televizor?

(f) _____ îmbraci imediat după ce _____ speli?

(g) Azi dimineață (eu) _____ am trezit cam târziu.

6   Translate into Romanian:

(a) Where did I put your keys?

(b) We discovered George's keys on the small table.

(c) I wanted to come and see you.

(d) Could you find a flat to rent?

(e) At what time did they get up this morning?

7   Complete the blanks using the past participle.

Example: Unde ai (*a pune*) cartea profesorului?

           Unde ai pus cartea profesorului?

(a) Când v-ați (*a se întoarce*) de la mare?

(b) Azi ne-am (*a se grăbi*) pentru că ne-am (*a se trezi*) târziu.

(c) Te-ai (*a se uita*) aseară la televizor?

(d) Au (*a trimite*) scrisorile în Anglia.

(e) Am (*a da*) băiatului biletul de tren.

(f) Ați (*a scrie*) prietenilor voștri din România?

(g) Am (*a spune*) vecinului meu să dea cheia portarului.

8   Complete the blanks.

Example: Dau un telefon domnul _____ Popescu.

           Dau un telefon domnului Popescu.

(a) Este apartamentul prieten _____ mele.

(b) Unde ai pus biletele vecin _____ noștri?

(c) Balconul apartament _____ nostru este foarte mare.

(d) Străzile oraș _____ sunt murdare.

(e) Cheile _____ George sunt pe măsuța din antreu.

(f) Cărțile studenți _____ sunt grele.

(g) Prietenii băiat _____ meu au plecat la mare.

(h) La parterul cas _____ mele este o tutungerie.

9   Match the verb forms to the blanks.

(a) N-am putut _____ în apartament.

(b) Azi ne-am _____ cam târziu.

(c) La ce oră crezi că _____ acasă?

(d) Ce bine că _____ un apartament de închiriat.

(e) Vecinul meu _____ că pot trece de pe balconul lui pe balconul meu.

(f) _____ ocazi să vezi expoziţia de la parterul blocului tău.

(i) **o să fii** (ii) **intra** (iii) **trezit**
(iv) **a zis** (v) **ai avut** (vi) **ai găsit**

10
ACEASTA ESTE A MEA
This is mine

In this unit you will learn

- to use the forms for *this* and *that*
- to say *her, him, it, us* and *them*
- to recognise other forms of the future

Before you start

La mulţi ani can be used in a number of contexts. It means literally *here's to many more years* and is most commonly used as a toast to celebrate a festive occasion. It can mean *Happy Birthday*, *Happy Christmas* and *Happy New Year*, depending on the event.

 ———————— **Cuvinte cheie** ————————

a ajuta to help	**băutură, băuturi** (f) drink
aprovizionat, aprovizionată,	**bineînţeles** of course, naturally
aprovizionaţi, aprovizionate	**ceva** something
supplied	**contortabil, confortabilă**
a aşeza to place, to site	**confortabili, confortabile**
a se aşeza to sit down	comfortable
bătrân, bătrână, bătrâni, bătrâne	**a considera** to consider
old (of persons)	**cumpărătură, cumpărături** (f)
	shopping, purchase

curând soon
cuțit, cuțite (n) knife
examen, examene (n) examination
farfurie, farfurii (f) plate
fiu, fii (m) son
fiică, fiice (f) daughter
furculiță, furculițe (f) fork
gol, goală, goi, goale naked, empty
important, importantă, importanți, importante important
a invita to invite
a împlini to fulfil
a se împlini to be completed, to pass (of years)
a începe to begin
a lăsa to leave
a lăuda to praise
lingură, linguri (f) spoon
linguriță, lingurițe (f) teaspooon
masă, mese (f) table
meniu, meniuri (n) menu
mâncare, mâncăruri (f) food, dish
a se muta to move house
neapărat without fail
a se ocupa de to deal with
ocupat, ocupată, ocupați, ocupate busy
a oferi of offer
pahar, pahare (n) glass
parcă seemingly, as if
a petrece to pass
petrecere, petreceri (f) party, celebration

piață, piețe (f) square, market
a plictisi to bore
a se plictisi to get bored
plin, plină, plini, pline full
politicos, politicoasă, politicoși, politicoase polite
prea too (much)
rochie, rochii (f) dress
a servi to serve
servit, servită, serviți, servite served
sigur, sigură, siguri, sigure certain
singur, singură, singuri, singure alone
șervețel, șervețele (n) napkin
tacâm, tacâmuri (n) place setting (at table), cutlery
tirbușon, tirbușoane (n) corkscrew
tânăr, tânără, tineri, tinere young
a avea de toate to have everything
de curând recently
a face cumpărături to do the shopping
a întinde fața de masă to lay the tablecloth
între timp in the meantime
a merge la cumpărături to go shopping
peste două săptămâni within two weeks
a pune masa to lay the table
zi de naștere birthday
ziua lui his birthday

 ——— **Explicații** ———

1 'This' and 'that'

The word for *this* in Romanian is **acest** and for *that* is **acel**. Grammatically speaking they are known as demonstrative adjectives when they stand next to a noun. As you have read in Unit 5 (page 41) Romanian requires adjectives to adapt their forms of those of the noun and so **acest** and **acel** will change to agree with the noun.

However, both **acest** and **acel** are unusual as adjectives in that they may either precede or follow the noun. Here are some examples of their use before a noun.

Masculine

acest/acel prieten	*this/that friend*
acestui/acelui prieten	*to/of this / that friend*
aceşti/acei prieteni	*these/those friends*
acestor/acelor prieteni	*to/of these / those friends*

Feminine

această/acea maşină	*this/that car*
acestei/acelei maşini	*to/of this / that car*
aceste/acele maşini	*these/those cars*
acestor/acelor maşini	*to/of these / those cars*

Neuter

acest/acel program	*this/that programme*
acestui/acelui program	*to/of this/that programme*
aceste/acele programe	*these/those programmes*
acestor/acelor programe	*to/of these/those programmes*

Further examples:

Geamantanul acestui prieten este greu.	*This friend's suitcase is heavy.*
Costul acelui program este foarte mare.	*The cost of that programme is very high.*
Această maşină nu merge bine.	*This care is not running well.*
Aceşti englezi vorbesc bine româneşte.	*These English people speak Romanian well.*

When they follow a noun **acest** and **acel** carry more emphasis. Note that when they are placed after the noun, the noun has the the form and both **acest** and **acel** end in **-a**.

Maculine

prietenul **acesta/acela**	*this/that friend*
prietenului **acestuia/aceluia**	*to/of this/that friend*
prietenii **aceştia/aceia**	*these/those friends*
prietenilor **acestora/acelora**	*to/of these/those friends*

Feminine

mașina **aceasta/aceea**	*this/that car*
mașinii **acesteia/aceleia**	*to/of this / that car*
mașinile **acestea/acelea**	*these/those cars*
mașinilor **acestora/acelora**	*to/of these / those cars*

Neuter

programul **acesta/acela**	*this/that programme*
programului **acestuia/aceluia**	*to/of this/that programme*
programele **acestea/acelea**	*these/those programmes*
programelor **acestora/acelora**	*to/of these/those programmes*

Further examples:

Cafeaua aceasta nu are zahar.	*This coffee has no sugar in it.*
Americanii aceștia vorbesc bine românește.	*These Americans speak Romanian well.*
Vinul acela este mai bun.	*That wine is better.*
În ziua aceea am fost la restaurant.	*On that day I went to the restaurant.*

Acesta and **acela** may also stand on their own to mean *this* and *that*, just as *this* and *that* can in English. In such cases they are known as demonstrative pronouns. Note, however, that the forms of **acesta** and **acela** must still agree with the noun which they are referring to:

Aceasta **este o problemă grea.**	*This is a great politician.*
Acela **este un politician abil.**	*That man is an able politician.*
Aceștia **sunt banii noștri.**	*This is our money.*
Acelea **sunt biletele voastre.**	*Those are your tickets.*
Acesta **este paharul meu.**	*This is my glass.*
Acelea **sunt hainele lor.**	*Those are their clothes.*

In conversation, you are more likely to hear the reduced forms of **acesta** and **acela**. These are most frequently found in the following forms:

Masculine

prietenul **ăsta/ăla**	*this/that friend*
prietenului **ăstuia/ăluia**	*to/of this/that friend*

| prietenii **ăştia/ăia** | *these/those friends* |
| prietenilor **ăstora/ălora** | *to/of these/those friends* |

Feminine

maşina **asta/aia**	*this/that car*
maşinii **ăsteia/ăleia**	*to/of this/that car*
maşinile **astea/alea**	*these/those cars*
maşinilor **ăstora/ălora**	*to/of these/those cars*

Neuter

programul **ăsta/ăla**	*this/that programme*
programului **ăstuia/ăluia**	*to/of this/that programme*
programele **astea/alea**	*these/those programmes*
programelor **ăstora/ălora**	*to/of these/those programmes*

Further examples:

Studentul ăsta este mai harnic decât studentul ăla.	*This student is more hard-working than that student.*
Cartofii ăştia sunt mai ieftini decât cartofii ăia.	*These potatoes are cheaper than those ones.*
Fata asta merită orice, iar fata aia nu merită nimic.	*This girl deserves everything while that one doesn't deserve a thing.*
Maşinile astea sunt nişte rable.	*These cars are wrecks.*

The feminine forms **a(cea)sta, a(ce)stea, a(ce)lea** also correspond to *this*, *that*, *these* and *those* where no object or person is mentioned.

| **Ce să fac eu cu astea?** | *What am I to do with these?* |
| **Asta mă îngrijorează.** | *That worries me.* |

2 'Her', 'him', 'it', 'us' and 'them'

In Unit 7, see page 55, you met what are known as reflexive pronouns meaning *myself, yourself*, etc. The same Romanian forms for *myself, yourself, ourselves* and *yourselves* are used to express *me, us* and also *you* when *you* is the object of an action (e.g. *I hit you.*) *her, him* and *them* are expressed by new forms. Since all these words are found as objects of an action, *me, you, him, her, us, them* are known grammatically as direct pronouns. These pronouns are:

mă	me	ne	us
te	you	vă	you
îl	him	îi	them (m)
o	her	le	them (f)

Here are some examples of their use:

Eu **o** văd mâine.   *I'll de seeing her tomorrow.*
Ea **ne** invită la teatru.   *She is inviting us to the theatre.*
El **mă** lasă la gară.   *He'll drop me off at the station.*
Ei vor să **le** ducă cu mașina.   *They want to take them (f)*
    by car.

Nu am găsit pantofii mei,   *I couldn't find my shoes, I'll*
   îi caut mai târziu.   *look for them later.*

✳ Note that in the last example **îi** agrees with **pantofi** (m).

(a) Pronouns with the past tense

You will see from the above example that the pronouns precede the verb. When you use the past tense, however, you have to place the feminine **o** after the past participle:

  Noi am lăsat-o la hotel.   *We left her at the hotel.*
  N-ați văzut-o ieri?   *Didn't you see her yesterday?*

Compare this use with that of the other pronouns, which precede the past tense. Some of them have shortened forms. Thus:

el mă vede	*he sees me*	becomes	**el m-a văzut**	*he saw me*
el te vede	*he sees you*	becomes	**el te-a văzut**	*he saw you*
eu îl văd	*I see him*	becomes	**eu l-am văzut**	*I saw him*
el ne vede	*he sees us*	becomes	**el ne-a văzut**	*he saw us*
el vă vede	*he sees you*	becomes	**el v-a văzut**	*he saw you*
el îi vede	*he sees them*	becomes	**el i-a văzut**	*he saw them*
el le vede	*he sees them*	becomes	**el le-a văzut**	*he saw them*

(b) With să

When following **să** (see Unit 7, page 57) only **îl** and **îi** are modified

  vin **să-l** văd   *I am coming to see him.*
  vin **să-i** văd   *I am coming to see them.*

while the others stay unchanged:

  Ea vine **să mă** vadă.   *She is coming to see me.*
  Ea vine **să te** vadă.   *She is coming to see you.*

Ea vine **s-o** vadă.	*She is coming to see her.*
Ea vine **să ne** vadă.	*She is coming to see us.*
Ea vine **să vă** vadă.	*She is coming to see you.*
Ea vine **să le** vadă	*She is coming to see them (f).*

(c) Further uses of *her*, *him* and *them*

Unlike in English, the forms for *her*, *him* and *them* are also found in Romanian in support of nouns. They are used for emphasis and only when the noun precedes the verb. In such situations, they have no equivalent in English. Study these examples:

Hainele **le-ai** găsit?	*As for clothes, did you find them?*
Merele **le-a** cumpărat Ana.	*The apples, Ana bought them.*
Banii **i-am** dat deja.	*As for the money, I've paid that over already.*
Problema **n-am** rezolvat-o.	*Regarding the problem, I haven't solved it.*
Meniul **îl faci** singur?	*Are you going to decide on the food (menu) you are going to give them yourself?*

Compare the normal word order:

Am găsit hainele.	*I found the clothes.*
Ana a cumpărat merele.	*Ann bought the apples.*
Am dat deja banii.	*I've paid the money already.*

(d) Stress on *me*, *you*, *him*, *her*, *us* and *them*

There are distinct stressed forms in Romanian for *me*, *you*, *him*, *her*, *us* and *them* which are used for emphasis. They are always used together with the unstressed forms introduced above and can never be substituted for them. Here they are with their unstressed equivalents in brackets.

(mă)	pe mine	me	*(ne)*	pe noi	us
(te)	pe tine	you	*(vă)*	pe voi	you
(te)	pe dumneata	you	*(vă)*	pe dumneavoastră	you
(îl)	pe el	him	*(îi)*	pe ei	them (m)
(o)	pe ea	her	*(le)*	pe ele	them (f)
(se)	pe sine	himself, herself			

Look at these examples.

Eu o văd **pe ea** mâine.	*I'll be seeing **her** tomorrow.*
Ea ne invită **pe noi** la teatru.	*She is inviting **us** to the theatre.*
El mă lasă **pe mine** la gară.	*He'll drop **me** off at the station.*
Ei vor să le ducă **pe ele** cu mașina.	*They want to take **them** (f) by car.*

Sometimes the stressed form precedes the verb for extra emphasis:

Pe mine m-a ignorat ea complet.	*Me she ignored completely.*
Pe el îl întrebăm.	*It's him we'll ask.*

You will see that the stressed forms are all preceded by **pe** which has no equivalent in English. These same stressed forms follow prepositions such as *with*, *for* and *in*.

Ea vine **cu** noi.	*She is coming with us.*
Ei au luat-o **pentru** tine.	*They got it for you.*
Este multă bunătate **în** el.	*There's a great deal of kindness in him.*
George lucrează mai mult **decât** tine.	*George works harder than you.*
La dvs. este liniște.	*It's quiet in your house (lit. At you there is quiet).*

(e) Pe

This is an important word in Romanian; as well as accompanying the stressed pronouns it also precedes nouns denoting a *person* when they are the object of an action. In such cases the verb is usually preceded by the unstressed forms of *him*, *her* and *them*. Neither these forms nor **pe** can be translated into English. Examine these examples carefully:

O întreb **pe** Maria.	*I'll ask Maria.*
Îl întreb **pe** domnul Porter.	*I'll ask Mr Porter.*
Îi căutăm **pe** George și pe Nicu.	*We're looking for George and Nick.*
Le-am văzut **pe** Ileana și pe Ana.	*We've seen Ileana and Maria.*
I-am invitat **pe** George și pe Ana.	*We've invited George and Ana.*

After **pe** the *the* form of the noun is not used unless the noun is followed by a name or by another qualifying word.

Le-am întâlnit **pe** fete.	*I met the girls.*

Le-am, întâlnit **pe** fetele acelea.   *I met those girls.*
L-am condus **pe** student.   *I accompanied the student.*
L-am condus **pe** studentul   *I accompanied the American*
  american.   *student.*

Pe may also be found with words introducing questions such as **cine**
who.

Cine a sosit?   *Who has arrived?*
Pe cine ai chemat?   *Whom did you summon?*

3 Other future forms

In Unit 8, you learnt about the most colloquial method of expressing
future time using the formula **o să**. A second colloquial form also
involves **să**, but preceded by the present tense of the verb **a avea** *to
have*.

am să întreb	*I shall ask*	**avem să întrebăm**	*we shall ask*
ai să întrebi	*you will ask*	**aveţi să întrebaţi**	*you will ask*
are să întrebe	*he, she will ask*	**au să întrebe**	*they will ask*

However, the *we* and plural *you* forms are rarely heard.

Examples:

Nu **are să plece** fără noi.   *He won't leave without us.*
Am să ştiu mâine.   *I'll know tomorrow.*
Au să se spele seara.   *They will have a wash in the*
                              evening.

In written usage you are more likely to find a different compound,
this time made up of the infinitive without **a** preceded by auxiliary
forms:

voi întreba	*I shall ask*	**vom întreba**	*we shall ask*
vei întreba	*you will ask*	**veţi întreba**	*you will ask*
va întreba	*he, she will ask*	**vor întreba**	*they will ask*
mă voi duce	*I shall go*	**ne vom duce**	*we shall go*
te vei duce	*you will go*	**vă veţi duce**	*you will go*
se va duce	*he, she will go*	**se vor duce**	*they will go*

Examples: .

Nu **va pleca** fără noi.   *He won't leave without us.*
Vom şti mâine.   *We'll know tomorrow.*
Se vor spăla seara.   *They will have a wash*
                       in the evening.

România și românii

REVOLUȚIA POPULARĂ A INVINS! ACUM E NEVOIE DA RATIUNE, CALM ȘI VIGILENȚĂ ÎN APĂRAREA LIBERTĂȚII ȘI VALORILOR NATIONALE!

The popular revolution has triumphed! Now we need reason, calm and vigilence in defending national freedom and values.

In December 1989, the population of the western Romanian town of Timo-șoara was driven by suffering to take to the streets and to call for the overthrow of Ceaușescu. Many of them were shot dead on Ceaușescu's orders and when news of the deaths reached the capital Bucharest and other large cities, such as Cluj, protests against Ceaușescu began there as well on 21st December. On the following day, a large crowd attacked Ceaușescu's office and he fled in a helocopter with his wife. Fighting began in Bucharest and other major towns between the army, which joined the side of the protesters, and members of Ceaușescu's secret police.

Ceaușescu and his wife were captured, put on trial and sentenced to death. Shortly afterwards resistance by the secret police ceased.

A provisional government was formed and it immediately took steps to improve living conditions. Food was withdrawn from export and put on sale in the shops, heating quotas were withdrawn, the abortion decree was repealed, and the right of everyone to hold a passport was introduced. Multi-party elections were held for the first time in over 40 years in May 1990 and the National Salvation Front, a party favoured by ex-communists, was elected to power.

Dialog

Plans are well on the way for a 20th birthday party in spite of the looming exams.

Radu   George, parcă ai spus că luna asta va fi ziua fiului tău ...

George Da, pe 28 va fi ziua lui de naștere și sunt convins că va da o petrecere.

Radu   Pe cine va invita?

George Prieteni, colegi...

Radu   Și cine se va ocupa de mâncare și de băutură?

George Eu, bineînțeles.

Radu   Ca de obicei. De ce nu se ocupă el?!

George	E foarte ocupat. Învață tot timpul. Peste două săptămâni încep examenele.
Radu	Pot să te ajut cu ceva?
George	Sigur, mulțumesc. Putem merge împreună la cumpărături la acea piață din cartierul tău. Ai spus că e bine aprovizionată.
Radu	Ce vrei să cumperi?
George	Îl voi întreba pe el. Între timp, putem cumpăra băutura.
Radu	Aveți nevoie de pahare, farfurii, tacâmuri? V-ați mutat de curând și poate nu aveți de toate.
George	Avem ce este mai important pentru tineri: pahare. Acelea trebuie să fie pline.

Exerciții

1 Listen to the cassette and answer the following questions in English. If you do not have the cassette study the text of the dialogue.

(a) Când este ziua băiatului lui George?
(b) Pe cine va invita la ziua lui?
(c) Cine se va ocupa de mâncare și băutură?
(d) Cine îl va ajuta pe George la cumpărături?

2 Use the correct forms of **acest** and **această**.
Example: Această piață este bine aprovizionată.

(a) _____ piață este bine aprovizionată.
(b) Ați fost la _____ restaurant?
(c) De unde au cumpărat _____ bilete de autobuz?
(d) Unde merg _____ oameni?
(e) Cât costă _____ mașină?
(f) Trebuie să plătesc _____ chelner?
(g) De ce dați telefon _____ studenți?
(h) Ce ați trimis _____ studente? *(only one)*
(i) Când scrii _____ prietene? *(more than one)*

3 Complete the blanks with the correct form of **acest.**
Example: Acest student se numește Vasile.

(a) _____ student se numește Vasile.
(b) _____ pahare sunt murdare.
(c) Trimit _____ scrisori de la poștă.

(d) Cât costă _____ vin?

(e) Din ce stație pot lua _____ metrou?

(f) Când îi invitați la restaurant pe _____ prieteni?

(g) De unde ați cumpărat _____ cărți?

(h) Puteți să reparați _____ lift?

(i) _____ mașină e scumpă?

4 Repeat Exercise 3 above using the correct form of **acel**.
Example: Acel student se numește Vasile.

5 Replace the bold words with the correct form of **acesta**.
Example: Acest tren merge la Cluj.
Acesta merge la Cluj.

(a) **Acest tren** merge la Cluj.

(b) **Această mașină** e prea scumpă.

(c) **Acești tineri** sunt prietenii fiului meu.

(d) Rochia **acestei fete** este superbă.

(e) Telefonul **acestui inginer** este stricat.

(f) **Aceste scaune** sunt confortabile.

6 Answer the following questions using *me, him, us*, etc.
Example: Această mașină e bună? Vreau _____ cumpăr.
Această mașina e bună? Vreau s-o cumpăr.

(a) Această mașina e bună? Vreau _____ cumpăr.

(b) Acest apartament este în centru. Doriți să _____ vedeți?

(c) Unde sunt Ion și Maria? Vrem să _____ invităm la noi.

(d) Ați scris scrisorile? Trebuie să _____ trimitem mâine.

(e) Știți unde este Hotelul Continental? Vrem să _____ găsim neapărat.

7 Answer the questions following the example.
Example: Ai făcut cumpărăturile? Încă nu le-am făcut, le voi face mâine.

(a) Ați făcut cumpărăturile?

(b) V-au ajutat prietenii?

(c) I-a văzut pe studenți?

(d) Ai luat-o la cinema pe Maria?

(e) Le-a întrebat și pe ele?

(f) Ai căutat biletul?

(g) Ați spălat mașina?

(h) Au reparat liftul?

(i) Ați cumpărat ziarul?

(j) A trimis scrisorile?

(k) Ați luat cartea?

8 Complete the sentences, using the unstressed forms of *me, him, us,* etc.

   Example: Mă luaţi şi pe mine la cinema?

   (a) _____ luaţi şi pe mine la cinema?
   (b) _____ invitaţi şi pe el?
   (c) _____ vedeţi şi pe ele?
   (d) _____ credem şi pe tine.
   (e) _____ întrebăm şi pe voi.
   (f) _____ trimitem şi pe ea.
   (g) El _____ caută şi pe ei.
   (h) Ea _____ ştie şi pe noi.
   (i) El _____ plictiseşte şi pe voi?

9 Repeat Exercise 7 using the colloquial forms of the future.

   Example: O să mă luaţi şi pe mine la cinema?

10 Supply the required forms of *me, him, us,* etc.

   Example: Am auzit că filmul acesta este bun. O să-l văd
   **   săptămâna viitoare.**

   (a) Am auzit că filmul acesta este bun. O să _____ văd săptămâna viitoare.
   (b) Aceşti prieteni vin la Bucureşti. _____ voi invita să treacă pe la mine.
   (c) Trebuie s- _____ ajut pe Maria la cumpărături.
   (d) _____ aţi întrebat pe băieţi când încep examenele?
   (e) N-am terminat încă romanul pentru că am început să _____ citesc de-abia ieri.

11
LUCRAM
I was working

In this unit you will learn

- to say *I was doing, I was reading,* etc.
- to say *to me, to you, to him, to her, to us* and *to them*
- to say *all, every*

 ────── **Cuvinte cheie** ──────

adevăr, adevăruri (n)   truth
a-și aminti   to remember
a arăta   to show
ban, bani (m)   money
blond, blondă, blonzi, blonde   blond
brunet, brunetă, bruneți, brunete
   brunette
cărunt, căruntă, cărunți, cărunte
   grey (haired)
des   frequently
a desena   to draw
despre   about
drăguț, drăguță, drăguți, drăguțe
   nice
fericit, fericită, fericiți, fericite   happy
fruct, fructe (n)   fruit
gură, guri (f)   mouth

a-și imagina   to imagine
a-și închipui   to imagine
nas, nasuri (n)   nose
niciodată   never
păr (n)   hair
a părea   to seem
a se părea   to seem
a păzi   to guard, to protect
pictor, pictori (m)   artist, painter
pistruiat, pistruiată, pistruiați,
   pistruiate   freckled
puști, puști (m)   young lad
a rămâne   to remain
suflet, suflete (n)   soul
șaten, șatenă, șateni, șatene
   brown-haired
talent, talente (n)   talent

talentat, talentată, talentaţi,		**cât mai mult**	as much as possible
talentate talented		**cum să nu** of course	
a termina to finish, to end		**De câte ori?** How many times?	
a se termina to come to an end		**ori de câte ori** whenever	
tânăr, tânără, tineri, tinere young		**în timp ce** while	
tot, toată, toţi, toate all		**pe atunci** about that time	
vacanţă, vacante (f) holiday		**pe vremea asta** at this time, in	
vitrină, vitrine (f) shop window		such weather as this	
vreme, vremuri (f) weather, time		**toată lumea** everybody	
a zâmbi to smile		**a ţine minte** to recall	
ca să in order to		**nu...niciodată** never	
acum 20 de ani 20 years ago		**la timp** on time	
a-şi aduce aminte to remember		**chiar acum** right now	
Ce vremuri! What times!			

Explicaţii

1 'I was working', 'I was reading'

In Unit 9, you saw how actions that took place in the past and were completed are expressed in Romanian, e.g. *I have worked*, is translated by **am lucrat**. This form of **a lucra** is known as the past tense. Where the action that takes place in the past is not completed, but is a continuous or repeated action such as *I was working, I used to work*, then it is expressed by what is known as the imperfect tense. In this unit, we shall examine the *was* forms which are made by adding a series of endings to the infinitive or *to* forms of the verb.

Verbs ending in **-a** or **-ea** follow one pattern. They add **-m**, **-i** (for *he/she* form there is no ending) **-m**, **-ţi**, **-u**.

a lucra *to work*

lucram	*I was working, used to work*
lucrai	*you were working, used to work*
lucra	*he/she was working, used to work*
lucram	*we were working, used to work*
lucraţi	*you were working, used to work*
lucrau	*they were working, used to work*

a avea *to have*

aveam	*I had, used to have*
aveai	*you had, used to have*

ave*a*	*he/she had, used to have*
ave*am*	*we had, used to have*
ave*aţi*	*you had, used to have*
ave*au*	*they had, used to have*

Verbs ending in **-e** or **-ui** follow another pattern. They add **-am**, **-ai**, **-a**, **-am**, **-aţi** or **-au**.

a merge   *to go*

merge*am*	*I was going*
merge*ai*	*you were going*
merge*a*	*he/she was going*
merge*am*	*we were going*
merge*aţi*	*you were going*
merge*au*	*they were going*

a locui   *to inhabit, to live*

locui*am*	*I was living*
locui*ai*	*you were living*
locui*a*	*he/she was living*
locui*am*	*we were living*
locui*aţi*	*you were living*
locui*au*	*they were living*

Verbs ending in **-î** drop the **-î** and add **-am**, **-ai**, **-a**, **-am**, **-aţi** and **-au**.

a urî   *to hate*

ur*am*	*I used to hate*
ur*ai*	*you used to hate*
ur*a*	*he/she used to hate*
ur*am*	*we used to hate*
ur*aţi*	*you used to hate*
ur*au*	*they used to hate*

Verbs in **-i** lose the final **-i**.

a dori   *to wish*

dore*am*	*I was wishing*
dore*ai*	*you were wishing*
dore*a*	*he/she was wishing*
dore*am*	*we were wishing*
dore*aţi*	*you were wishing*
dore*au*	*they were wishing*

There are a number of important verbs which do not follow the above patterns, e.g.

a fi *to be*

eram	*I used to be*	**eram**	*we used to be*
erai	*you used to be*	**erați**	*you used to be*
era	*he/she used to be*	**erau**	*they used to be*

a sta *to reside, to stand*

stăteam	*I was standing*	**stăteam**	*we were standing*
stăteai	*you were standing*	**stăteați**	*you were standing*
stătea	*he/she was standing*	**stăteau**	*they were standing*

a da	*to give*	**dădeam**	*I used to give*
a bate	*to beat*	**băteam**	*I used to beat*
a face	*to do*	**făceam**	*I used to do*
a şti	*to know*	**ştiam**	*I used to know*
a vrea	*to want*	**voiam**	*I used to want*
a trebui	*to have to*	**trebuia**	*I used to have to*

Some examples:

Ori de câte ori mergeam la Bucureşti luam medicamente cu mine.	*Whenever I went to Bucharest I took some medicines with me.*
În timp ce eu căutam un apartament, ea se ocupa de copii.	*While I was looking for a flat she looked after the children.*

Note the different meanings: **de mult** *for some time*, **de puţin** *for a short time*.

Cautam **de mult** un apartament.	*I had been looking for a flat for some time.*

2 Saying 'to me', 'to you', 'to him', etc.

Unlike in English, *to me*, *to you*, etc. are expressed by one distinct word. Since all these words are found as indirect objects of an action, as in the example *he gave it* (direct object) *to me* (indirect object) they are known as indirect object pronouns and they precede the verb. Here are the forms:

îmi	to me	**ne**	to us
îţi	to you	**vă**	to you
îi	to him, to her	**le**	to them
îşi	to himself, to herself, to themselves		

You will see from Unit 10 that **ne** and **vă** can also have the meaning *us* and *you*. Here are some examples of their use:

El **îmi** trimite des colete.   *He sends me parcels frequently.*

Îţi platim.   *We'll pay you. (lit. to you).*
Ne spune minciuni.   *He tells us lies.*

(a) *To me, to you*, etc. with the past tense

el îmi dă	*he gives me*	becomes
el îţi dă	*he gives you*	
el îi dă	*he gives him/her*	
el ne dă	*he gives us*	
el vă dă	*ge gives you*	
el le dă	*he gives them*	
el îşi dă	*he gives to himself*	

el mi-a dat	*he gave me*
el ţi-a dat	*he gave you*
el i-a dat	*he gave him/her*
el ne-a dat	*he gave us*
el v-a dat	*he gave you*
el le-a dat	*he gave them*
el şi-a dat	*he gave to himself*

Examples:

Ei nu ne-au trimis bani luna aceasta.   *They haven't sent us any money this month.*

De ce nu mi-ai spus adevărul?   *Why didn't you tell me the truth?*

Ţi-am dat ieri paşaportul meu.   *I gave you my passport yesterday.*

(b) With *să, ce* and *nu*

The same shortened forms of *to me, to you, to him* and *to her* are used after **să**, **ce** and **nu**.

However, in these cases, the hyphen - precedes the shortened form:

El nu vrea **să-mi** împrumute maşina.   *He doesn't want to lend me the car.*

Ce-i spun mâine?   *What am I to say to him tomorrow?*

Nu-ţi dau nimic.   *I'm not giving you anything.*

The forms of **ne**, **vă** and **le** remain unchanged:

Vrea **să ne** spună ceva.   *He wants to tell us something.*

Vrea **să vă** spună ceva.	*He wants to tell you something.*
Vrea **să le** spună ceva.	*He wants to tell them something.*

(c) *To her, to him, to them* in support of nouns

Just as you saw in Unit 10 pages 93–96 that *him, her* and *them* are found in Romanian in support of nouns, so too are *to him, to her* and *to them* when the nouns concerned are in *to the* form. Look at these examples. You will note that *to her, to him, to them* do not translate into English.

I-am spus lui George că nu pot veni.	*I told George that I could not come.*
I-ai spus şoferului să aştepte?	*Did you tell the driver to wait?*
Le-am arătat copiilor nişte bani englezeşti.	*I showed the children some English money.*

(d) Verbs requiring *to me, to you*, etc.

The two most common verbs in this category are **a trebui** *to need* and **a plăcea** *to please*.

A trebui has to be used in the manner *it is necessary to me* which means that it has a fixed form:

Îmi trebuie un cuţit.	*I need a knife.*
Vă trebuie mai mult timp să terminaţi?	*Do you need more time to finish?*
Ne trebuie investiţii în plus.	*We need extra investments.*

Note that you can also say:

Am nevoie de un cuţit.	*I need a knife.*
Aveţi nevoie de mai mult timp să terminaţi?	*Do you need more time to finish?*
Avem nevoie de investiţii în plus.	*We need extra investments.*

A plăcea is used in the same way, but it has a separate plural form which is **plac** in the present, and **au plăcut** in the past.

Îmi place ciocolata.	*I like chocolate.*
Îmi place să înot.	*I like swimming.*
Îmi plac rochiile.	*I like the dresses.*
Ne plac cursurile.	*We like the courses.*
I-a plăcut spectacolul.	*He/she liked the show.*
Le-au plăcut discursurile.	*They liked the speeches.*

(e) *To me, to you*, etc. meaning possession

In Unit 9, the adjectives *my, your*, etc. denoting possession were introduced. Possession is also commonly expressed by using the pronouns *to me, to you*. In such cases the noun is usually in the *the* form:

Îmi iau maşina şi plec.	*I'm taking my car and I'm off.* (Lit. *to me I'm taking the car and I am leaving*)
Ne-am lăsat bagajele în autocar.	*We left our baggage in the coach.*
El şi-a vândut apartamentul.	*He sold his flat.*

Do not confuse the above example with:

El i-a vândut apartamentul.	*He sold his (someone else's) flat.*

The noun may also be used in the *a* form:

Îmi cumpăr un hamburger.	*I'm buying myself a hamburger.*
El şi-a luat un apartament în Cotroceni.	*He has got himself a flat in Cotroceni.*
Mi-a găsit un taxi la colţ.	*He found a taxi for me on the corner.*

(f) Reflexive verbs with *to me, to you*

A handful of verbs have to be preceded by *to me, to you*, etc. The most common are:

a-şi imagina	*to imagine*
a-şi închipui	*to imagine*
a-şi aminti	*to remember*

Do not confuse them with the more common reflexive verbs presented in Unit 7.

îmi imaginez	**ne** imaginăm
îţi imaginezi	**vă** imaginaţi
îşi imaginează	**îşi** imaginează
îmi închipui	**ne** închipuim
îţi închipui	**vă** închipuiţi
îşi închipuie	**îşi** închipuie
îmi amintesc	**ne** amintim

îți amintești	vă amintiți
își amintește	își amintesc

(g) Further uses of *to me, to you*, etc.

In certain constructions introduced in English by *I*, *you*, in Romanian you say *to me, to you*:

Mi-e foame.	*I am hungry. (Lit. to me there is hunger)*
Mi-e sete.	*I am thirsty. (Lit. to me there is thirst)*
Mi-e somn.	*I am sleeping. (Lit. to me there is sleep)*
Mi-e rău.	*I feel ill. (Lit. there is ill to me)*

Other examples:

Ți-e greu.	*It is difficult for you.*
Ne e frig.	*We are cold. (Lit. there is cold to us)*
Vă e cald?	*Are you warm? (Lit. to you is there warmth?)*
I-e frică.	*He/she is afraid. (Lit. to him/her there is fear)*
Mi-e dor (de) ...	*I miss ... (Lit. there is longing to me (of) ...)*

3 'All', 'every'

All and *every* can be expressed by the same word in Romanian **tot**. **Tot** is an adjective and therefore when it stands next to a noun it makes its form agree. The noun, in its turn, must be in the *the* form. Here are some examples:

Masculine	
tot anul	the whole year
toți englezii	all Englishmen, all English people

Feminine	
toată strada	all the street, the whole street
toată lumea	the whole world, everybody
toate femeile	all the women

Neuter	
tot timpul	all the time
tot adevărul	the whole truth
în toate cazurile	in all (the) cases

Occasionally you will meet the form **tuturor** meaning *of all the, to all the*, but more often than not *of all the* is indicated by **tot/toată** preceded by **a**, and *to all the* is indicated by **tot/toată** preceded by **la**:

Cadurile **tuturor** copiilor sunt
sub pom.

*All the children's presents are
under the tree.*

Am trimis invitaţii la **toată**
lumea.

I sent invitations to everyone.

The forms of **tot** can also be used on their own:

Tot ce faci este greşit.

Everything you do is mistaken.

Infirmierele nu se ocupă de
copii, **toate** sunt leneşe.

*The nurses don't look after the
children, all of them are lazy.*

Soldaţii sunt curajoşi, **toţi** sunt
eroi.

*The soldiers are courageous,
all are heroes.*

Dialog

Here are two vivid memories of Paris.

Nicu Îţi aduci aminte cum era la Paris pe vremea asta, acum douăzeci de ani?

Elena Cum să nu! Nu pot uita! Eram tineri şi voiam să vedem cât mai mult. Mergeam zeci de kilometri pe jos, ne uitam la toate vitrinele, voiam să ştim totul. Ni se părea (*it seemed to us*) că vacanţa nu se va termina niciodată.

Nicu Îl mai ţii minte pe băiatul acela blond şi drăguţ? Când îl vedeam pe stradă, îi dădeam bani ca să ne spele maşina.

Elena Zâmbea tot timpul şi părea fericit.

Nicu Îţi aminteşti ce frumos picta? Voia să devină pictor. Adevărul e că era talentat.

Elena Ce amintiri frumoase! Eram fericiţi şi credeam că vom rămâne tineri ...

Nicu Şi n-am rămas?

Elena Ba da. Avem suflet tânăr şi păr alb.

România și românii

Romania has five principal regions which are notable for their distinct geographical features which make the country one of the most scenically attractive in Europe. Transylvania is the largest of the regions and is bounded on its eastern and southern flank by the Carpathian mountains which in the past offered a natural defence against invasion from the East. Its original Romanian inhabitants were joined in the tenth century by Hungarians and in the late 12th century by Germans.

To the east of Transylvania is Moldavia, which extends from the Carpathians to the river Dniester. In 1940, the area of the province between the rivers Prut and Dniester was annexed under duress by the Soviet Union, despite the fact that about 60 per cent of the population was Romanian. In 1990, the Romanians of this part of Moldavia proclaimed their sovereignty from the Soviet Union and renamed their territory the Republic of Moldavia. The Republic should not be confused with the rest of Moldavia which has remained part of Romania.

Wallachia, the third region, lies to the south and is an area of fertile plains. Romania's capital Bucharest lies in the centre of the region. To the east, on the Black Sea coast, is Dobrogea, which was ruled by the Turks until 1878. Its principal city is Constanța, Romania's chief port. The fifth region is the Banat, bordering on Serbia. Timișoara where the Romanian revolution started in December 1989, is its best known urban centre.

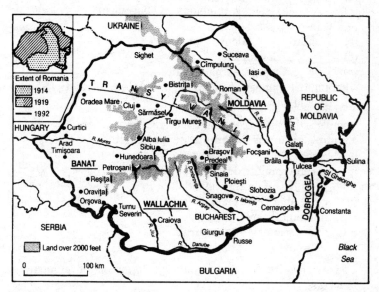

Romania divided into five regions

——————— **Exerciții** ———————

1 Listen to, or read, the dialogue again and put the verbs in the present tense into the imperfect tense.

2 Put the bold verbs into the imperfect tense.
   Example: Când **am fost** la Paris **am admirat** vitrinele magazinelor.
   Când **eram** la Paris **admiram** vitrinele magazinelor.
   (a) Când **am fost** la Paris **am admirat** vitrinele magazinelor.
   (b) **Ați crezut** că suntem vecini?
   (c) **Au** mulți bani la ei pentru că **vor** să cumpere o mașină.
   (d) Puștiul **zâmbește** tot timpul și **pare** fericit.
   (e) Ori de câte ori îl **văd, spune** același lucru.
   (f) Când **mergeți** în străinătate **luați** multe hărți cu voi.
   (g) **Am crezut** că m-au uitat.

3 Choose the appropriate verbs from the list below to fill the blanks.
   Example: Unde spuneați că este acel magazin?
   (a) Unde _____ că este acel magazin?
   (b) _____ aici când _____ despre acest film.
   (c) _____ că George a cumpărat un apartament.
   (d) Cine _____ masa?
   (e) Puștiul _____ talent.
   (f) _____ să devin pictor.
   (g) _____ să mergem acolo mai des.
   (i) eram, (ii) spuneați, (iii) punea, (iv) vorbea, (v) știați, (vi) avea, (vii) trebuia, (viii) voiam.

4 Complete the sentences with the correct form of **tot**
   Example: Vorbea tot timpul despre cărți.
   (a) Vorbea _____ timpul despre cărți.
   (b) Îmi aduc aminte de _____ tinerii aceia.
   (c) _____ vitrinele erau superbe.
   (d) _____ piața este plină de fructe.
   (e) Stăteau la mare _____ vara.
   (f) _____ scaunele sunt ocupate.
   (g) Îi știu pe _____ prietenii tăi.

5 Use the required *to me*, *to you*, etc. forms of the pronouns in brackets.
   Example: Nu mi-ai spus unde este teatrul.

(a) Nu (**eu**)-ai spus unde este teatrul.
(b) (**El**)-am dat un telefon.
(c) (**Dvs**)-ați amintit unde stă Elena?
(d) Nu cred că (**voi**)-ați închipuit că vă laudă.
(e) (**Eu**)-am imaginat că trenul pleacă la timp.
(f) (**Tu**)-ai amintit ce (**tu**)-am spus?
(g) (**Ea**)-am dat bani să cumpere bilete de teatru.

6 Put the past tense verbs in the previous exercise into the present.
Example: Nu-mi spui.

7 Answer the questions following the example:
Example: Trebuie să-i dai telefon chiar acum?
Nu, îi voi da telefon mai târziu.
(a) Trebuie să-i dai telefon chiar acum?
(b) Vrea să le scrie chiar acum?
(c) Trebuie să-ți citesc articolul chiar acum?
(d) Trebuie să vă trimită cartea chiar acum?
(e) Vreți să-mi spuneți asta chiar acum?
(f) Doriți să le oferiți florile chiar acum?
(g) Trebuie să ne arăți mașina chiar acum?

8 Modify Exercise 7 following the example.
Example: Trebuia să-i dai telefon chiar acum?
Nu, îi puteam da telefon mai târziu.

9 Supply the answer following the example.
Example: Cine își imagina că toată lumea va veni la timp?
Eu îmi imaginam.
(a) Cine își imagina că toată lumea va veni la timp? Eu _____
(b) Cine își închipuia că trenul pleacă la timp? Noi _____
(c) Cine își amintea că trebuia să și mâncăm? Dvs _____ _____
(d) Cine își închipuia că puteam merge cu metroul? Ele _____
(e) Cine își aducea aminte unde era casa lor? Tu _____ _____

10 Use all the persons of the verb.
Example: îmi place berea.
îți place berea.
îi place berea, etc.

(a) îmi place berea.   (c) îmi plac dulciurile.
(b) nu-mi place aici.   (d) nu-mi plac programele.

12
DACĂ AȘ FI ...
If I were ...

In this unit you will learn

- more about the use of *to me, to you* etc.
- how to say *I would, you would*
- how to say *nothing, never, nor*

Before you start

In Unit 11, you were introduced to **îmi place** *I like*. As soon as you get on friendly terms with a Romanian you are likely to want to know his or her likes or dislikes. You will find the following conversational gambits useful:

Îmi place teatrul.	*I like the theatre.*
Nu-mi plac filmele de război.	*I don't like war films.*
Îmi place să merg la expoziții.	*I like to go to exhibitions.*
Vă place să stați la soare?	*Do you like sitting in the sun?*

 ——— **Cuvinte cheie** ———

același, aceeași, aceiași, aceleași the same	**a alege** to choose
a ajunge to reach, to be sufficient	**biolog, biologi** (m) biologist
	bogat, bogată, bogați, bogate rich

casetă video, casete video (f)
   videocassette
a călători   to travel
a se căsători cu   to get married
cineva   someone
a conveni   to suit
a crea   to create
cuiva   to/of someone
dată, date (f)   date, data
a depinde de   to depend on
eprubetă, eprubete (f)   test tube
exact   exactly
facultate, facultăți (f)   faculty,
   university department
femeie, femei (f)   woman
început, începuturi (n)   beginning
a însemna   to note down, to mark
   down, to signify, to mean
a înțelege   to understand
loterie, loterii (f)   lottery
lucru, lucruri (n)   thing
mereu   continually
mulțumit, mulțumită, mulțumiți,
   mulțumite   satisfied
a munci   to work, to labour
a se naște   to be born
nimic   nothing
nimeni   nobody
om, oameni (m)   person, man
părinte, părinți (m)   parent

a plăcea   to be pleasing
profesie, profesii (f)   profession
a promite   to promise
sărac, săracă, săraci, sărace   poor
a schimba   to change
teatru, teatre (n)   theatre
a trăi   to live
videorecorder, videorecordere (n)
   video-recorder
vis visuri/vise (n)   dream, dreams
   (for future)/dreams (in sleep)
a visa   to dream
viață, vieți (f)   life
o dată   once, on one occasion
de două ori   twice
a lua masa   to have a meal
în restul timpului   the rest of the
   time
nu prea   not very
opt luni pe an   eight months of the
   year
schimbare, schimbări (f)   change
a sta cu nasul în cărți   to sit with
   one's nose in a book
tot ce dorești   everything you wish
a urma o facultate   to do a university
   degree
Îmi ajunge.   It's enough for me.
Îmi convine.   It suits me.

Explicații

1   Saying 'to me', 'to you', etc. with emphasis

In the previous unit you learnt how to say *to me, to you*. Just as *me* and *you* have in Romanian separate forms for emphasis, so too do *to me* and *to you*. The use of the emphatic forms is optional but you will never find them in place of the unstressed forms and they are usually used with them. You will see from the examples that the emphatic forms may either precede or follow the verb. To help you associate the unstressed and emphatic forms of *to me* and *to you* the former are reproduced for reference in brackets (see the box on the next page):

(îmi)	mie	to me	(ne)	nouă	to us
(îți)	ție	to you	(vă)	vouă	to you
(îți)	dumitale	to you	(vă)	dumneavoastră	to you
(îi)	lui	to him	(le)	lor	to them
(îi)	ei	to her	(le)	lor	to them
(își)	sie	himself, herself, themselves but often replaced by lui, ei or lor			

Mie îmi place să folosesc acest manual. — *I like using this textbook.*

Ție ți-am spus să nu pleci fără mine. — *I told **you** not to leave without me.*

Lor nu le convine să ridicăm această problemă. — *It doesn't suit **them** for us to raise this problem.*

I-am promis și ei că vom merge. — *I promised **her** too that we would go.*

The emphatic **sie** corresponding to **își** is usually replaced by **lui**, **ei** or **lor**:

Mi-a luat mie un whisky și ei și-a luat o bere. — *She got me a whisky and for herself she got a beer.*

Further uses of the emphatic forms

Certain prepositions such as *because of* and *thanks to* are followed by the emphatic forms of *to me* and *to you*. The three principal examples are:

datorită	*because of*
mulțumită	*thanks to*
grație	*thanks to*

Mulțumită lor ați putut pleca în Statele Unite. — *Thanks to them you were able to leave for the United States.*

Datorită mie au pierdut trenul. — *They missed the train because of me.*

2 More about the unemphatic 'to me', 'to you' etc.

In Unit 11, the shortened forms of *to me* and *to you* were presented with the past tense and with **să**, e.g.

Ea mi-a trimis banii. — *She sent me the money.*

El a vrut să-i dea aprobarea. — *He wanted to give her the permission.*

These reduced forms are also used, but with slight modifications, when they occur alongside *it* and *them*. Remember that *it* can be expressed by either **îl** or **o**, depending on whether it refers to a masculine or feminine noun, and that similarly *them* can be expressed by **îi** or **le**. Note that both **îl** and **îi** are also reduced. Here are a number of examples:

el are un plic	el **mi-l** dă	*he gives it to me*
el are niște bani	el **mi-l** dă	*he gives them to me*
ea are două chei	ea **mi le** dă	*she gives them to me*
Radu are un mesaj	Radu **ți-l** dă	*Radu is giving it to you*
Nicu aduce flori	el **ți le** va da	*he will give them to you*
avem două fotolii	noi **ți le** dăm	*we're giving them to you*
am două pardesie	eu **ți le** dau	*I'm giving them to you*

In the above examples we could substitute the following:

el are un plic	el **i-l** dă	*he gives it to him/her*
el are niște bani	el **i-i** dă	*he gives them to him/her*
ea are două chei	ea **i le** dă	*she gives them to him/her*
Radu are un mesaj	Radu **ni-l** dă	*Radu is giving it to us*
Nicu aduce flori	el **ni le** va da	*he will give them to us*
avem două fotolii	noi **vi le** dăm	*we're giving them to you*
am două pardesie	eu **li le** dau	*I'm giving them to them*

With **o** *her, it* the reduced forms of *to me, to you* are the same as those used with the past:

ea mi-o spune	*she says it to me*
ea ți-o spune	*she says it to you*
ea i-o spune	*she says it to him/her*
ea ne-o spune	*she says it to us*
ea v-o spune	*she says it to you*
ea le-o spune	*she says it to them*
ea și-o spune	*she says it to herself*

Further examples:

el mi-o va spune	*he will say it to me*
el mi-a spus-o	*he said it to me*
noi v-am trimis-o	*we sent it to you*
voi le-ați trimis-o	*you sent it to them*

(a) The shortened forms of *to me, to you* with impersonal verbs

For simplicity's sake we will call an impersonal verb one which does not have a person as its subject, or as the *doer* of an action. **A se**

întâmpla *to happen* and **a se părea** *to seem* are examples of impersonal verbs in Romanian because we have to use the verb in a manner of *it happens to me, it seems to me*, and not *I happen, I seem*. Since both these verbs are reflexive in Romanian *to me* will be expressed by the shorted form:

mi se pare	*it seems to me*	**ni se pare**	*it seems to us*
ţi se pare	*it seems to you*	**vi se pare**	*it seems to you*
i se pare	*it seems to him/her*	**li se pare**	*it seems to them*

mi se întâmplă *it happens to me*

mi s-a părut	*it seemed to me*	**ni s-a părut**	*it seemed to us*

Note these other impersonal expressions:

Mi se cuvine.	*This is my due.*
Ţi se face dor de România?	*Do you miss Romania?*
I s-a făcut foame.	*He got hungry.*
Ni s-a făcut rău.	*We became ill.*
Nu mă mir că vi s-a făcut sete.	*I'm not surprised that you developed a thirst.*
Li s-a făcut somn.	*They became sleepy.*

(*b*) It is also in a similar impersonal manner that verbs may be used when you wish to avoid attributing actions or remarks to a person. This is a common practice in Romanian and requires the use of the reduced forms of *to me*, etc. In English, we can translate such constructions by *I was (told), (sent), (given), you were (told), (sent), (given)*.

Mi s-a spus că au sosit.	*I was told that they had arrived.*
Ni s-au dat multe cărţi.	*We were given many books.*
Nu li s-a oferit nimic.	*Nothing was offered to them.*

3 Saying 'I would'

To use a verb in its *would* form in Romanian we simply place auxiliary forms in front of the infinitive without **a**. Here are some examples:

aş da	*I would give*	**am da**	*we would give*
ai da	*you would give*	**aţi da**	*you would give*
ar da	*he/she would give*	**ar da**	*they would give*
aş avea	*I would have*	**am avea**	*we would have*
ai avea	*you would have*	**aţi avea**	*you would have*
ar avea	*he/she would have*	**ar avea**	*they would have*

aş vinde	*I would sell*	**am vinde**	*we would sell*
ai vinde	*you would sell*	**aţi vinde**	*you would sell*
ar vinde	*he/she would sell*	**ar vinde**	*they would sell*
aş vorbi	*I would speak*	**am vorbi**	*we would speak*
ai vorbi	*you would speak*	**aţi vorbi**	*you would speak*
ar vorbi	*he/she would speak*	**ar vorbi**	*they would speak*

You will find the **aş da**, **aş avea** forms commonly used following **dacă** *if*, but note that in English *if* is followed by the past tense.

> Dacă aş avea timp aş merge la birou.
>
> *If I had time I would go to the office.*
>
> Ar veni dacă ar primi o invitaţie.
>
> *He would come if he had received an invitation.*

The same reduced forms of *to me*, *to you*, etc. are used with *would* as with the past tense:

> Dacă ar cere o mână de ajutor, l-am ajuta.
>
> *If he asked for a helping hand we would help him.*
>
> Nu m-ar deranja dacă ea nu ar vrea să participe.
>
> *It wouldn't upset me if she didn't want to take part.*
>
> Ce-ai spune dacă ţi-ar trimite un calculator şi o imprimantă?
>
> *What would you say if they sent you a word processor and a printer?*

4 Saying 'I would have'

This is done in Romanian by using **aş fi** *I would be* and the past participle of the required verb.

aş fi dat	*I would have given*	**am fi** dat	*we would have given*
ai fi dat	*you would have given*	**aţi fi** dat	*you would have given*
ar fi dat	*he/she would have given*	**ar fi** dat	*they would have given*
aş fi avut	*I would have read*	**am fi** avut	*we would have read*
ai fi avut	*you would have had*	**aţi fi** avut	*you would have had*
ar fi avut	*he/she would have had*	**ar fi** avut	*they would have read*
aş fi vândut	*I would have sold*	**am fi** vândut	*we would have sold*
ai fi vândut	*you would have sold*	**aţi fi** vândut	*you would have sold*
ar fi vândut	*he/she would have sold*	**ar fi** vândut	*they would have sold*
aş fi vorbit	*I would have spoken*	**am fi** vorbit	*we would have spoken*

ai fi vorbit *you would have spoken* **aţi fi** vorbit *you would have spoken*

ar fi vorbit *he/she would have spoken* **ar fi** vorbit *they would have spoken*

Study these examples and compare them with those illustrating *I would*:

Dacă aş fi avut timp aş fi mers la birou.	*If I had had time I would have gone to the office.*
Ar fi venit dacă ar fi primit o invitaţie.	*He would have come if he had received an invitation.*
Dacă ar fi cerut o mână de ajutor l-am fi ajutat.	*If he had asked for a helping hand we would have helped him.*
Nu m-ar fi deranjat dacă ea nu ar fi vrut să participe.	*It wouldn't have upset me if she had not wanted to take part.*
Ce-ai fi spus dacă ei ţi-ar fi trimis un calculator şi o imprimantă?	*What would you have said if they had sent you a word processor and a printer?*
De ce nu le-ai scris? Ai fi putut să le scrii?	*Why didn't you write to them? You could have written to them.*

In conversation *would* can also be rendered by the imperfect *was* forms:

De ce nu le-ai scris? Puteai să le scrii?	*Why didn't you write to them? You could have written to them?*
Ce spuneai dacă iţi trimiteau un videorecorder?	*What would you have said if they had sent you a videorecorder?*
Era bine dacă puteai să vii ieri.	*It would have been a good thing had you been able to come yesterday.*
Eu nu aranjam această întânire dacă ştiam.	*I wouldn't have arranged this meeting had I known.*

※ English *would* is not always the equivalent of **aş**, **ai**, etc. In reported speech in English you may meet statements containing *would* which is expressed by the future in Romanian:

Am spus că o să vin.	*I said that I would come.*
Am spus că aş fi venit dacă aş fi găsit un taxi.	*I said that I would have come had I been able to find a taxi.*

5 'Nothing', 'never', 'nor'

In Romanian these words are:

nimic	*nothing*
niciodată	*never*
nici	*neither, nor*
nici un/o	*not one*
nicăieri	*nowhere*
nimeni	*nobody*

When used with a verb they have to be accompanied by **nu** *no*:

Eu **nu** aud **nimic**.	*I hear nothing. (Lit. I don't hear nothing)*
Ei **nu** ascultă **niciodată**.	*They never listen.*
Nici noi **nu** vrem să mergem.	*Nor do we want to go.*
Nu am **nici un** motiv să mă plâng.	*I have no reason to complain.*
Nu l-am găsit **nicăieri**.	*I couldn't find him anywhere.*
Nimeni nu ne iubeşte.	*Nobody loves us.*
Nu iubesc pe **nimeni**.	*I don't love anyone. (on **pe** see Unit 10, page 96)*
Nu auzi **nimic**? Nimic.	*Can't you hear anything? No, nothing.*

România şi românii

The Carpathian mountains run down the centre of Romania like a backbone and are a source of great natural wealth. In the foothills are more than 1000 sources of mineral water but less than 100 are tapped and bottled for sale. There are some 160 spas where tourists, both foreign and Romanian, come for therapeutic treatment. The mountains also provide several excellent centres for winter sports. One of the most popular is Poiana Braşov, some ten miles to the north of the Transylvanian city of Braşov, which annually receives many thousands of foreign tourists, especially from Britain.

You will also find a great deal of wildlife in the Carpathians. It has been spared the excesses of over-hunting characteristic of some of Romania's neighbours and there are still many brown bears, wild boar and red deer. Efforts are now being made to establish conservation areas where hunting of these animals will be strictly controlled. Many Romanians spend their holidays walking and hiking in the mountains and you will see many signposted trails served by cabins especially built to offer shelter.

Dialog

George is reflecting with his friend Maria on things they wanted to do when they were young.

George Ce-ai face dacă ar trebui să iei viața de la început?
Maria Dacă aș începe viața din nou, aș vrea să călătoresc.
George Dar pentru asta ți-ar trebui bani. N-ai putea călători dacă n-ai fi bogată.
Maria Aș dori să am bani și să nu depind de nimeni.
George Deci ai vrea să câștigi la loterie.
Maria Cine n-ar vrea!
George Și n-ai mai lucra!
Maria Ba da. Mi-ar plăcea să fiu biolog.
George Dar asta înseamnă că ai sta tot timpul cu nasul în cărți și în eprubete!
Maria Nu. Aș lucra opt luni pe an, iar în restul timpului, aș călători. Dar tu ce ai face?
George Aș face exact același lucru.
Maria Cum adică? Și tu ai vrea să faci biologie și să călătorești?
George N-ai înțeles. N-aș schimba nimic. M-aș căsători cu aceeași femeie, aș urma aceeași facultate și mi-aș dori aceiași copii.
Maria Ți-e teamă să visezi...
George Nu. Deocamdată sunt mulțumit. Mai târziu, cine știe...?

Exerciții

1 Choose the correct answers to the questions from the list provided below.

   (*a*) Ce-ar face Maria dacă ar lua viața de la început?
   (*b*) I-ar conveni să depindă de cineva?
   (*c*) Câte luni pe an ar lucra?
   (*d*) Ce-ar face George dacă s-ar mai naște odată?

   (*i*) Ar vrea să fie biolog și ar călători.
   (*ii*) Ar face aceleași lucruri.
   (*iii*) Ar lucra opt luni pe an.
   (*iv*) Nu i-ar conveni să depindă de nimeni.

2 Supply the correct emphatic forms of *to me*, *to you*, etc. following the example.

Example: Ţi-a plăcut filmul? Eu, el _____ _____.
Mie mi-a plăcut, dar lui nu i-a plăcut.

(a) Ţi-a plăcut filmul? Eu, el _____ _____.
(b) Vă place cartea? Noi, ea _____ _____.
(c) Le place să călătorească? Ei, noi _____ _____.
(d) Îţi place acest apartament? Eu, ea _____ _____.
(e) Îi plac restaurantele? El, voi _____ _____.
(f) Vă place să faceţi cumpărături? Noi, tu _____ _____.
(g) V-a plăcut scrisoarea lui? Noi, ele _____ _____.
(h) I-a plăcut vinul? El, eu _____ _____.
(i) Îţi place teatrul? Eu, voi _____ _____.

3 Replace the present tense with the correct *would* forms.

Example: Vrem să călătorim.
Am vrea să călătorim.

(a) Vrem să călătorim.
(b) Poate veni la timp.
(c) Hoinăriţi toată ziua.
(d) Dacă ai bani, cumperi această maşină.
(e) Mă duc să văd o expoziţie.
(f) Asta înseamnă că merge cu noi la mare.
(g) Mănânci numai la restaurant dacă ai bani.
(h) Dacă nu munceşte, trăieşte pe spatele părinţilor.

4 Give the *would* form of the verb in brackets.

Example: (a trebui) să plecăm cu trenul.
Ar trebui să plecăm cu trenul.

(a) (**a trebui**) să plecăm cu trenul.
(b) Cine (**a-şi închipui**) asta?
(c) (**a putea**) să te ajut.
(d) Unde (**a vrea**) să luaţi masa.
(e) Eu (**a da**) telefon dacă (**a şti**) numărul.
(f) Ea (**a alege**) acelaşi vin.
(g) Noi (**a dori**) să veniţi cu noi la munte.
(h) Eu (**a lua**) taxiul.
(i) Dumneavoastră (**a mânca**) la restaurant.

5 Answer the following questions according to the example.

Example: Cui i-e foame? (Eu)
Cui i-e foame? Mie mi-e foame.

(a) Cui i-e foame? (**Eu**)
(b) Cui i-e sete? (**Noi**)

   (c) Cui i-e frică? (**Tu**)

   (d) Cui i-e cald? Și (**eu**) și (**el**)

   (e) Cui i-e indiferent? (**Ei**)

   (f) Cui i-e frig? (**Voi**)

   (g) Cui i-e somn? (**Ea**)

   (h) Cui i-e rău? (**Ele**)

   (j) Cui i-e dor? (**Eu**)

6 Translate into English:

   (a) Ar trebui să mergem cu mașina dar ne este teamă că nu vom ajunge la timp.

   (b) Ar fi bine dacă ați putea vorbi cu ei.

   (c) Ce-ai spune dacă l-ai vedea?

   (d) Nu v-ar mai fi sete dacă ați bea o bere.

   (e) Ne-ar conveni să călătorim cu avionul.

   (f) N-ați sta aici toată vara.

7 Use the correct form of **același**.

Example: Am vrea să luăm masa în același restaurant.

   (a) Am vrea să luăm masa în _____ restaurant.

   (b) Ați putea vorbi cu _____ studente.

   (c) Nu vedeți niciodată _____ filme de două ori.

   (d) El urmează _____ facultate.

   (e) În _____ piață poți găsi tot ce dorești.

   (f) Visează mereu _____ vis.

   (g) La hotel văd _____ oameni.

8 Translate into Romanian:

   (a) I was at the same hotel two or three times.

   (b) Our friends travel three months each year.

   (c) Maria spends the whole day with her nose buried in books.

   (d) These children have everything they need.

   (e) You don't like living off someone else.

   (f) John says that if he could have his life over again he would still lead the same life.

9 Replace the possessive adjective with the *to me*, *to you* forms.

Example: Am găsit cheile mele pe masă.
        Mi-am găsit cheile pe masă.

   (a) Am găsit cheile mele pe masă.

   (b) Nu ați luat cărțile voastre.

   (c) George ar trebui să termine cartea lui.

   (d) Vreți să închiriați apartamentul vostru.

   (e) Va trebui să trăiești viața ta.

   (f) Vor să bea vinul lor.

13

RECAPITULARE

Revision

1   Listen to the tape and write out the text. If you don't have the cassette read the transcription in the **Key to the exercises** on page 204.

2   Translate the text into English.

3   Supply the correct preposition.

Example: Voiam să vă întreb dacă vreți să mergeți _____ mare săptămâna viitoare.
Voiam să vă întreb dacă vreți să mergeți **la** mare săptămâna viitoare.

(*a*)   Voiam să vă întreb dacă vreți să mergeți _____ mare săptămâna viitoare.

(*b*)   De azi _____ o săptămână trebuie să plecăm _____ România.

(*c*)   De două ori _____ an mergem la munte _____ copiii noștri.

(*d*)   _____ ce pot să călătoresc, _____ trenul sau _____ avionul?

(*e*)   Doamna Georgescu vine mâine _____ Londra și pleacă _____ o săptămână _____ Paris.

4   Answer the questions following the example.

Example: Acesta este copilul dumneavoastră sau al lor?
Este copilul meu.

(*a*)   Acesta este copilul dumneavoastră sau al lor?

(*b*)   Sunt bagajele tale sau ale lor?

(c) Aceştia sunt colegii noştri sau ai tăi?

(d) Aceasta este camera ta sau a lui?

(e) Este maşina ta sau a noastră?

(f) Acestea sînt valizele tale sau ale ei?

5 Replace the bold nouns with the correct form of *to him, to her, to them*.

Example: Am spus **colegilor mei** că plec la mare de mâine într-o săptămână.

Le-am spus că plec ...

(a) Am spus **colegilor mei** că plec la mare de mâine într-o săptămână.

(b) Aţi dat telefon **doamnei Pascali**?

(c) Aş trimite nişte cărţi **prietenului meu.**

(d) Veţi putea spune **vecinilor dumneavoastră** că vă mutaţi.

(e) Scriam o scrisoare **soţiei mele.**

(f) Am cerut băiatului să repare computerul.

(g) Aţi dat bacşiş şoferului.

6 Use the correct reflexive pronouns.

Example: _____ aş duce la piaţă.

M-aş duce la piaţă.

(a) _____ aş duce la piaţă.

(b) _____ va muta luna viitoare.

(c) Cum _____ numiţi?

(d) Vrem să _____ uităm la televizor.

(e) _____ întrebi cînd vine următorul tren?

(f) Ce _____ întîmplă cu el?

(g) _____ ducem la Viena.

(g) _____ treziţi prea devreme.

7 Answer the questions using the non-emphatic forms of *me, him, us*, and so on.

Example: **Cumpăraţi casa? O cumpărăm.**

(a) Cumpăraţi casa?

(b) Vedeţi filmul?

(c) O să ia trenul?

(d) Au găsit strada?

(e) Ai citit cartea?

(f) Aţi pierdut cheile?

(g) Aţi găsit biletele?

(g) Au luat copiii?

8 Repeat Exercise 7 following the example.
Example: Cumpăraţi casa? N-o cumpărăm.

9 Replace the past tense with the *should* forms.
Example: Am făcut o călătorie lungă.
**   Am face o călătorie lungă.**
(a) Am făcut o călătorie lungă.
(b) V-aţi întors la timp.
(c) S-au uitat la un film.
(d) Mi-am închiput că sînt la mare.
(e) I-a plăcut cartea.
(f) Ne-am dus la un restaurant.

10 Repeat Exercise 8 using the three forms of the future.
Example: Am făcut o călătorie lungă.
**   Voi face/o să fac/am să fac.**

11 Use the pronouns according to the example.
Example: Mă trezesc, m-am trezit, o să mă trezesc la
ora 9.
(a) Mă trezesc la ora 9.
(b) Ne sculăm devreme.
(c) Vă gândiţi des la Maria?
(d) Îşi imaginează că este bogat.
(e) Se crede Dumnezeu.

12 Following the example use the emphatic form of the pronoun.
Example: Le-am dat telefon. Lor le-am dat telefon.
(a) Le-am dat telefon.
(b) V-am invitat la noi.
(c) Ţi-am cumpărat un ceas.
(d) I-am cerut biletul meu.
(e) Ne-a văzut la cinema.
(f) Mi-au vândut casa.
(g) Nu ţi-a spus?
(h) Am trimis-o la Paris.

14
OBIECTELE PERSONALE

People's belongings

In this unit you will learn

- more ways of expressing *of*
- how to say *mine, yours*
- how to ask *whose?*
- how to say *whom, which*
- the name of countries, towns and rivers

 ——————— Cuvinte cheie ———————

a acuza to accuse
aeroport, aeroporturi (n) airport
asociat, asociată, asociați, asociate
  associated
bagaj, bagaje (n) baggage
a bănui to suspect
care who, which
călător, călători (m) traveller
călătoare, călătoare (f) traveller
călătorie, călătorii (f) journey
cămașă, cămăși (f) shirt
a căuta to look for
chiar even
coleg, colegi (f) colleague
colegă, colege (m) colleague
a completa to complete
complice, complici (m) accomplice

a conține to contain
a declara to declare
dialog, dialoguri (n) dialogue
doar only
drog, droguri (n) drug
exact exactly
formular, formulare (n) form
frontieră, frontiere (f) frontier
grănicer, grăniceri (m) border guard
haină, haine (f) jacket, clothing
iar and, but
indispus, indispusă, indispuși,
  indispuse irritated
lămâie, lămâi (f) lemon
lucru, lucruri (n) thing
măsură, măsuri (f) measure
nevastă, neveste (f) wife

pașaport, pașapoarte (n) passport	**valiză, valize** (f) suitcase
a-și permite to allow oneself	**vamă, vămi** (f) customs
a permite to permit	**vameș, vameși** (m) customs officer
a pierde to lose	**viză, vize** (f) visa
a privi to look at, to regard	**Ce păcat!** What a pity!
pungă, pungi (f) bag, pouch	**controlul bagajelor** baggage clerk
a purta to carry, to wear	**Nici gând.** It didn't enter my mind.
sare, săruri (f) salt	**Nu mai spune!** You don't say!
soț, soți (m) husband	**om de afaceri** businessman
soție, soții (f) wife	**a scăpa ocazia** to miss the
suspiciune, suspiciuni (f) suspicion	opportunity
traficant, traficanți (m) trafficker	**a se ține de cuvânt** to keep one's
(eg. drugs trader)	word
traficantă, traficante (f) trafficker	**zahăr pudră** castor sugar

 ——————————— **Explicații** ———————————

1 Others ways of saying 'of'

In Unit 9, you saw how Romanian expresses *of the*. When you want to say *of mine* or just *mine* and associated words in Romanian you use one of the following, depending on the type of noun:

	m	**f**	**n**
singular	**al**	**a**	**al**
plural	**ai**	**ale**	**ale**

> Valiza este a mea.   *The case is mine.*
> Apartamentul nu este al lui. *The flat isn't his.*
> Biletele acestea nu sunt ale lor. *These tickets are not theirs.*
> Copiii sunt ai noștri.   *The children are ours.*
> Mașina este a ta?   *Is the car yours?*

(*a*) When using the indefinite form of the noun, (i.e. preceded by **un**, **o** or **niște**), **al** is also used to express *of*, but we may find it preceded by **de**:

> o prietenă **de-a** mea   *a friend of mine*
> un prieten **de-al** lui   *a friend of his*
> niște studenți **de-ai** lor   *some students of theirs*
> niște copii **de-ai** noștri   *some children of ours*
> o studentă **de-a** ta   *a student of yours*

(*b*) **Al** and **a** are also used before *of the* and *of a* forms of the noun:

> o problemă **a** aprovizionării *a supply problem*

această abordare **a** problemei	*this approach to the problem*
această abordare **a** unei probleme	*this approach to a problem*
noul apartament **al** prietenilor noștri	*our friends' new flat*
documentele importante **ale** doamnei	*the lady's important documents*
visul grandios **al** unui politician	*a politician's grandiose dream*

Note, however, that when the *the* form of a noun directly precedes an *of the* or *of a* form **al** is no longer used. Refer back to Unit 9.
Compare:

documentele importante ale doamnei	*the lady's important documents*

with:

documentele doamnei	*the lady's documents*
noul apartament al prietenilor noștri	*our friends' new flat*

and:

apartamentul prietenilor noștri	*the flat of our friends*
această abordare a problemei	*this approach to the problem*

and:

abordarea problemei	*the approach to the problem*
un ecou al trecutului	*an echo of the past*

and:

ecoul trecutului	*the echo of the past*

(c) **A** alone is used with numbers:

Sunt proprietar a două apartamente.	*I am the owner of two flats.*

2 Asking 'whose?' and 'to whom?'

The **al** forms are also used to ask *whose?* in Romanian. You have been introduced to **cine** meaning *who* and **pe cine** *whom* in Unit 10 page 97. *Whose* is indicated by using the form **cui** preceded by **al**, **a**, and so on, whose forms must agree with the thing possessed:

Al cui este acest bagaj?	*Whose luggage is this?*
Ai cui sunt copiii?	*Whose children are these?*
Ale cui sunt hârtiile?	*Whose papers are these?*
A cui este această pungă?	*Whose is this (plastic) bag?*

Cui on its own means *to whom?* It is used with the form *to him, to her*.

Cui îi scrii?	*Who are you writing to?*
Cui îi trebuie un pix?	*Who needs a ballpoint pen? (To whom is necessary a pen?)*
Cui îi foloseşte?	*Who does it benefit? (To whom is it useful?)*
Cui îi place filmul?	*Who likes the film? (To whom is the film pleasing?)*

Note that **al cui** and **cui** are used to introduce questions. They should not be confused with **care** which is explained below.

3 Care *for saying 'who', 'which'*

When you want to **say** rather than **ask** *who* and *which* in Romanian the word **care** is used. **Care**, however, can also mean *which one* in a question.

Acolo este studentul **care** se tot uită la mine.	*There is the student who keeps looking at me.*
Care zbor pleacă azi?	*Which flight is leaving today?*
Trenul **care** pleacă acum nu opreşte la Cluj.	*The train (which is) now leaving does not stop at Cluj.*
Ouăle **care** se vând în piaţă nu sunt proaspete.	*The eggs (which are) on sale in the market aren't fresh.*

(*a*) When denoting the object of a verb **care** is preceded by **pe** and must be supported by either **îl**, **o**, **îi** or **le** depending on the nature of the noun it follows. It is often translated by *that* in this context.

Este chiar restaurantul pe care îl caut.	*It is the very restaurant that I am looking for.*
Cartea pe care o citesc.	*The book which I am reading.*
Biletele pe care le-am cumpărat sunt bune.	*The tickets which I bought are good.*
banii pe care i-am cheltuit	*the money which I spent*

Note that in the above examples:

îl agrees with	**restaurant**
o	**cartea**
le	**biletele**
îi	**banii**

(*b*) To denote *whose* and *of which* (but, remember, not in a question) these forms are used.

	m/n	**f**
singular	(al, a, ai, ale) **cărui**	(al, a, ai, ale) **cărei**
plural	(al, a, ai, ale) **căror**	(al, a, ai, ale) **căror**

Acesta este domnul a cărui valiză a dispărut.	*This is the man whose suitcase has disappeared.*
Este hotelul al cărui lift nu merge.	*It is the hotel whose lift doesn't work.*
Ai cărui vecin sunt aceşti câini?	*Which neighbour do these dogs belong to?*
Persoanele ale căror bilete sînt la recepţie sunt invitate să le ridice.	*The persons whose tickets are at the reception are asked to collect them.*

In the above examples **cărui/cărei/căror** agree with the possessor and **al/a/ai/ale** with the thing possessed.

When **cărui**, **cărei** and **căror** stand on their own denoting a person they become **căruia**, **căreia** and **cărora**:

Al căruia dintre ei este paşaportul?	*Whose is the passport?*
A căreia dintre ele este maşina?	*Whose is the car?*

(c) The forms **cărui(a)**, **cărei(a)** and **căror(a)** mean *to whom*. **Cărui(a)** and **cărei(a)** are supported by **îi** and **căror(a)?** by **le**:

Cărei doamne îi daţi cărţile?	*To which lady are you giving the books?*
Căreia dintre ele i-ai trimis banii?	*To which of them (f) did you send the money?*
Căruia dintre ei i-ai trimis banii?	*To which of them (m) did you send the money?*
Institutele **cărora** le-am scris nu au răspuns.	*The institutes to which I wrote have not replied.*
fata **căreia** i-am arătat poza	*the girl to whom I showed the photo*

(d) Other examples with **care**:

Aceasta este casa în care stă el.	*This is the house in which he lives.*
Restaurantul despre care am vorbit este pe colţ.	*The restaurant about which I spoke is on the corner.*
Prietenul cu care am venit doarme.	*The friend with whom I came is asleep.*

4 Some geographical names

(a) Countries

Most of them you will be able to recognise. Only a few countries outside Europe have not been listed since their names are the same as in English. With some less obvious names we have given you some help:

Uniunea Europeană (EU)
Comunitatea Statelor Independente (CSI)

America de Nord
Canada   **Statele Unite** (US)

America centrală
Mexic

America de Sud
Argentina   **Brazilia**

Africa
Maroc (Morocco)   **Republica Sud-Africană**

Asia
China   **Coreea de Nord**
Coreea de Sud   **Japonia**

Europa

Albania	**Anglia** (England)
Austria	**Belgia**
Bulgaria	**Cehia**
Danemarca	**Elveția** (Switzerland)
Finlanda	**Franța**
Germania	**Grecia**
Irlanda	**Islanda**
Italia	**Norvegia**
Marea Britanie (Great Britain)	**Polonia**
Olanda	**Scoția**
Portugalia	**Suedia**
Spania	**Ungaria**
Turcia	**Uniunea Sovietică** (USSR – now
Țara Galilor (Wales)	CIS, see above)
Croația	**Slovacia**
	Slovenia

Orientul Mijlociu (The Middle East)	
Arabia Saudită	**Irak**
Israel	**Siria**

Organizația Națiunilor Unite (UN)

(b) Rivers

Dunărea	*the Danube*	Rinul	*the Rhine*
Nistrul	*the Dniester*	Volga	*the Volga*
Oltul	*the Olt*	Tamisa	*the Thames*

(c) Cities

Cities (of Romania)	Cities (of Europe)
București	**Londra**
Cluj	**Berllin**
Iași	**Paris**
Timișoara	**Roma**

All the above names act like nouns. You should therefore study these examples:

Roma este capitala Italiei. *Rome is the capital of Italy.*

Centrul **Romei** este foarte curat. *The centre of Rome is very clean.*

Delta Dunării este plină de pește. *The Danube Delta is full of fish.*

Clujul este așezat pe râul Someș. *Cluj is situated on the river Somes.*

or

Orașul **Cluj** este așezat pe râul Someș. *Cluj is situated on the river Somes.*

Populația **Bucureștiului** este de două milioane de locuitori. *Bucharest's population is two million.*

or

Populația orașului **București** este de două milioane de locuitori. *Bucharest's population is two million.*

Copiii pleacă în **Mexic** iar părinții pleacă în **Franța**. *The children are leaving for Mexico while the parents are off to France.*

(d) More about points of the compass

In Unit 5, you learnt the points of the compass. These too can act like nouns as the following examples will demonstrate:

Transilvania este în nordul României. *Transylvania is in the north of Romania.*

Bucureștiul este în sudul țării. *Bucharest is in the south of the country.*

Londra este în sud-estul Angliei. *London is in the south-east of England (Britain)*

But note:

Orașul Toronto este la nord de New York. *Toronto is to the north of New York.*

România și românii

One of Romania's greatest natural attractions is the Danube delta, an area of marshland at the mouth of the river Danube. It grows each year with the deposits of sediment brought by the river and is almost the size of Luxembourg. As yet largely unspoilt and undeveloped, the delta is a nature reserve of unparalleled diversity in Europe. In its waters are to be found more than 60 species of fish, among them the sturgeon which is largely fished for its roe or caviar. More than 300 kinds of birds are indigenous to or

visit the delta throughout the year and it is a popular location for bird watchers from all over the world. Among the exotic visitors are flamingoes from the Nile delta, pelicans from the coasts of West Africa, and swans from Siberia.

The construction of a canal linking the Black Sea to the Danube has diverted some shipping from the delta channels and has reduced pollution of the waters. However, the bird life is under threat from plans to develop the delta for tourism.

Dialog

Trouble at the airport. George has to explain some suspicious-looking plastic bags in his luggage to a customs officer on the path of drug smugglers.

Vameșul Aveți ceva de declarat?
George Sigur că am.
Vameșul Unde e formularul?
George Care formular?
Vameșul Formularul pe care l-ați completat.
George N-am completat nici un formular.
Vameșul Dar ați spus că aveți lucruri de declarat.
George Cine a spus că am lucruri de declarat?
Vameșul Dumneavoastră!
George Cui i-am spus?
Vameșul Mie.
George Nici gând. Eu vreau doar să declar că această valiză pe care ați deschis-o nu este a mea.
Vameșul Dar a cui?
George A colegului meu.
Vameșul Și unde este valiza dumneavoastră?
George Chiar aici, lîngă valiza deschisă.
Vameșul De unde pot ști că această valiză care pare să conțină droguri nu este a dumneavoastră?

George	Simplu. Uitați-vă la haine și vedeți ce măsură au.
Vameșul	Cămășile sunt măsura 44.
George	Exact. Iar eu am 39, sunt om de afaceri, și nu-mi permit să port cămăși cu cinci numere mai mari.
Vameșul	Deci nu sunteți traficant de droguri.
George	Bănuiesc că nici colegul meu a cărui valiză ați deschis-o.
Vameșul	Dar ce credeți că are în aceste pungi de plastic?
George	Zahăr pudră.
Vameșul	De unde știți?
George	Eu i l-am cumpărat pentru că el n-a avut timp de cumpărături.
Vameșul	Și cine are nevoie de zahăr pudră?
George	Îi trebuie nevestei unui asociat al colegului meu. Colegul meu i-a promis că-i aduce ...
Vameșul	(stupefiat) Dar avem în țară zahăr pudră!
George	Această doamană avea nevoie de el acum 6 ani, iar colegul meu de-abia acum și-a amintit și a vrut să se țină de cuvânt ...

Exerciții

1   If you have the cassette listen to the following dialogue and write it out. If you don't have the cassette read the dialogue in the **Key to the exercises** on page 204.

2   Translate the text of the dialogue.

3   Choose the correct answer from the list below.
   Example: Cine are nevoie de viză de intrare pe pașaport?
   Turiștii.
   (*a*)   Cine are nevoie de viză de intrare pe pașaport?
   (*b*)   Cui trebuie să-i arătăm pașaportul?
   (*c*)   Cine ne întreabă dacă avem ceva de declarat?
   (*d*)   Al cui este acest bagaj?
   (*e*)   Ale cui sunt acele valize?
   (*f*)   Ai cui sunt copiii?
   (*g*)   A cui este această pungă?
   (*h*)   Pe cine trebuie să ajut la bagaje?
   (*i*)   La cine stați în România?
   (*j*)   Cu cine călătoriți?

(i)   Grănicerului.   (vi)   La niște prieteni.
(ii) Turiștii.   (vii) Ai prietenilor noștri.
(iii) Cu soția mea.   (viii) Vameșul.
(iv) A mea.   (ix)   Pe acea doamnă.
(v)   Ale noastre.   (x)   Al meu.

4   Here are the answers to some questions. Ask the appropriate questions.
    Example: Este valiza mea.
    A cui este valiza?
(a) Este valiza mea.
(b) Noi putem să vă ajutăm.
(c) Copilul călătorește cu mine.
(d) Este haina acelui domn.
(e) Pașaportul este al meu.
(f) Eu am nevoie de viză de intrare.
(g) Pe el puteți să-l întrebați.

5   Answer the questions following the example.
    Example: Este pașaportul dumneavoastră?
    Nu, nu este al meu.
(a) Este pașaportul dumneavoastră?
(b) Este mașina ta?
(c) Sunt copiii ei?
(d) Sunt valizele tale?
(e) Este casa lui?
(f) Sunt biletele voastre?
(g) Este apartamentul lor?
(h) Sunt colegii tăi?

6   Complete the blanks with **al, a, ai, ale**.
    Example: Ai văzut noul apartament al prietenilor noștri?
(a) Ai văzut noul apartament _____ prietenilor noștri?
(b) Niște studenți de _____ lui au mâine examen.
(c) Un coleg de _____ nostru vine azi să ne vadă.
(d) Noua mașină _____ soției mele este foarte bună.
(e) Am telefonat unor vecine de _____ mele.
(f) Aceștia sunt niște asociați _____ domnului Popescu.
(g) Acum pleacă în Franța o colegă _____ fiului meu.

7   Translate into English:
(a) Care este colegul domnului Porter?
(b) Pe care din ele o cumpărați?
(c) Care este avionul dumneavoastră?

(d) Cărui vameș i-ați dat formularul?
(e) Ai cărui vecin sunt acești câini?
(f) Cărei doamne îi dați cărțile?
(g) Al căruia dintre ei este pașaportul?

8 Supply the correct form of **care**.
Example: Doamna căreia i-am dat telefon este secretară.
(a) Doamna _____ i-am dat telefon este secretară.
(b) Acesta este domnul _____ valiză ați deschis-o.
(c) Este chiar restaurantul _____ îl căutați.
(d) Cartea _____ o citesc este a unui coleg de-al meu.
(e) Ziarele _____ sunt pe masă sunt ale lor.
(f) Aceste este grănicerul _____ i-am dat pașaportul.
(g) Este hotelul _____ lift nu merge.

9 Translate Exercise 8 into English.

10 Use the correct forms for *mine* to answer the following.
Example: Acesta este copilul dumneavoastră sau al lor?
Este al meu.
(a) Acesta este copilul dumneavoastră sau al lor?
(b) Sunt bagajele tale sau ale lor?
(c) Aceștia sunt colegii noștri sau ai tăi?
(d) Aceasta este camera ta sau a lui?
(e) Este mașina ta sau a noastră?
(f) Acestea sunt valizele tale sau ale ei?

15

DESCRIIND OAMENI ȘI OBIECTE

Describing people and objects

In this unit you will learn

- how to use adjectives before the noun
- how to say *the best*, *the biggest*, etc.
- how to express notions such as *I am invited, it was sent*, etc.

 ——————— **Cuvinte cheie** ———————

a arde to burn
bar, baruri (n) bar
a se bronza to get a tan
cabină, cabine (f) cabin
canistră, canistre (f) canister
cert certain
câtva, câtăva, câțiva, câteva some,
  several
club, cluburi (n) club
cort, corturi (n) tent
fost, fostă, foști, foste former
mal, maluri (n) river bank
a obliga to force
obligat, obligată, obligați, obligate
  obliged
a opri to stop
fumatul smoking
gros, groasă, groși, groase thick,
  deep (of voice)

ideal, ideală, ideali, ideale ideal
**inteligent, inteligentă, inteligenți,
  inteligente** intelligent
a interzice loaded
**încărcat, încărcată, încărcați,
  încărcate** loaded
a înota to swim
librărie, librării (f) bookshop
tip, tipi (m) guy, chap
tipă, tipe (f) girl, woman
umbrelă, umbrele (f) umbrella
a umple to fill
piesă, piese (f) play (drama), part
  (machine)
piscină, piscine (f) swimming pool
plajă, plaje (f) beach
a se plictisi to get bored
primul, prima, primii, primele the
  first

rezervor, rezervoare (f) (fuel, storage) tank
rucsac, rucsacuri (f) rucksack
sat, sate (n) village
șezlong, șezlonguri (n) deckchair
a sfătui to advise
soare, sori (m) sun
spectacol, spectacole (n) show
stațiune, stațiuni (f) resort
tare strong
teleferic, teleferice (n) cable railway
teren, terenuri (n) pitch (sport), ground
a urca to climb
a se urca to climb
Asta-i bine. That's good.

a avea chef să to feel like (doing)
a avea probleme to have problems
costum de baie bathing costumes
de rezervă spare
e în regulă it's OK
a face plinul to fill the petrol tank (car)
în cel mai bun caz at best
În cel mai rău caz. If the worst comes to the worst.
în mod cert certainly
în toiul verii at the height of summer
la nevoie in case of need
a merge pe munte to go walking/climbing in the mountains
a urca pe munte to go climbing in the mountains

Explicații

1 More about the use of adjectives

In Unit 5, you were introduced to the use of adjectives and were told that in Romanian they usually follow the noun. However, some common adjectives are often used before the noun for emphasis. This is particularly true of **mare** *big* and **mic** *small*, e.g.

un **mare** eveniment	*a great event*
o **mică** dispută	*a small argument*
mari greutăți	*great difficulties*

When the noun expresses *the* and is preceded by the adjective, the latter carries the *the* endings. Following the pattern of adjectives presented in Unit 5 you can see the following forms:

(a) Four form adjectives

Bunul Dumnezeu	*the Good Lord*
frumosul prinț	*the handsome prince*
bunii mei prieteni	*my good friends*
splendida cetate	*the splendid citadel*
frumoasele cărți	*the beautiful books*
faimoasele ruine	*the famous ruins*

(b) Three form adjectives

micul ecran	*the small screen (i.e. TV)*
mica publicitate	*small advertisements*
micile dificultăţi	*the small difficulties*
obositorul drum	*the tiring journey*
obositoarele şedinţe	*the tiring meetings*

(c) Two form adjectives

Marea Britanie	*Great Britain*
marea mea dragoste	*my great love*
marile speranţe	*great expectations*
dulcele vis	*the sweet dream*
dulcile tale iluzii	*your sweet illusions*

(d) Further examples

sfârşitul lungii perioade de conflict	*the end of the long period of conflict*
paginile **marelui** dicţionar	*the pages of the great dictionary*
moartea **marelui** conducător	*the death of the great leader*

Note that in examples such as:

bunii mei prieteni	*my good friends*
marea mea dragoste	*my great love*

the adjective can also follow, but in such cases it is preceded by **cel** which is introduced below.

prietenii mei cei buni	*my good friends*
dragostea mea cea mare	*my great love*

2 Cel, cea, cei, cele

Cel is a reduced form of **acel** *that* which you saw in Unit 10 pages 90–93 and has the same endings. It does not have the force of *that*, but is like an emphatic *the* in English. **Cel** is often used with **care** in expressions meaning *the one(s) who*. Here are its forms:

Maculine	
cel care	the one who
celui care	to/of the one who
cei care	the ones who
celor care	to/of the ones who

Feminine	
cea care	the one who
celei care	to/of the one who
cele care	the ones who
celor care	to/of the ones who

Neuter	
cel care	the one who
celui care	to/of the one who
cele care	the ones who
celor care	to/of the ones who

Cel care se uită la noi este directorul fabricii.	*The one looking at us is the factory boss.*
Aceasta este soția **celui care** ne-a dat florile.	*She is the wife of the one who gave us the flowers.*

(a) You may also find **cel** either before of after the noun. Like **acel** it requires the noun it follows to carry the *the* form:

cele șapte taine	*the Seven Sacraments*
cele zece porunci	*The Ten Commandments*
Alba ca Zăpada și **cei** șapte pitici	*Snow White and the Seven Dwarfs*
Ștefan **cel** Mare	*Stephen the Great*
prietenul meu **cel** bun	*my good friend*

(b) Notions like *the best, the worst* which are called superlatives are expressed by **cel mai** plus an adverb.

cel mai prost	*worst*
cel mai bine	*best*
cel mai mult	*the most*
cel mai repede	*the quickest*

(c) Similarly superlative adjectives such as *the biggest, the smallest* are formed by **cel mai** plus an adjective. Note that both **cel** and the adjective must agree with the noun. Here is a table of examples with **bun**:

Masculine

cel mai bun prieten	*the best friend*
celui mai bun prieten	*to/of the best friend*
cei mai buni prieteni	*the best friends*
celor mai buni prieteni	*to/of the best friends*

Feminine

cea mai bună prietenă	*the best friend*
celei mai bune prietene	*to/of the best friend*
cele mai bune prietene	*the best friends*
celor mai bune prietene	*to/of the best friends*

Neuter

cel mai bun proiect	*the best design*
celui mai bun proiect	*to/of the best design*
cele mai bune proiecte	*the best designs*
celor mai bune proiecte	*to/of the best designs*

Cei mai buni cârnați se vând la Cluj.	*The best sausages are sold in Cluj.*
Casa Republicii este **cea mai mare** clădire din Europa.	*The House of the Republic is the largest building in Europe.*
Fratele **celui mai bun** prieten al meu se însoară azi.	*My best friend's brother is getting married today.*

When the superlative adjective follows the noun the letter carries the *the* ending:

Ea are vocea **cea mai ascuțită** din clasă.	*She has the highest pitched voice in the class.*
Clădirea **cea mai înaltă** din lume.	*The tallest building in the world.*

3 Expressions in the past such as 'I am invited', 'it was written'

You were introduced to the past tense in Unit 9 (see pages 77–80). You saw that it was formed by combining reduced forms of **a avea** *to have* with a special form of the verb known as the past participle, e.g.

am lucrat	*I have worked, I worked, I did*
am văzut	*I have seen, I saw, I did see*
am mers	*I have gone, I went, I did go*
am dorit	*I have wished, I wished, I did wish*

As these examples show, the form of the past participle (**lucrat, mers**) varies according to the type of verb.

(*a*) The past participle, with meanings such as *invited, inspected, written* is also used to form what is known as the passive voice with the verb **a fi** *to be*, e.g.

Sunt invitat la o masă.	*I am invited to a meal.*
Am **fost chemat** la minister.	*I have been summoned to the ministry.*

When used in this way the past participle performs like an adjective, in other words it must agree with the subject:

Ei **sunt invitați** la un cocteil.	*They are invited to a cocktail party.*
Aceste cărți **sunt scrise** în englezeşte.	*These books are written in English.*
Ele **vor fi informate** luni.	*They will be informed on Monday.*

(*b*)　Past participles are indeed often used as adjectives:

România este **învecinată** de mai multe țări.	*Romania is bordered by several countries.*
Aceste camere **sunt ocupate**.	*These rooms are occupied.*
Fostul preşedinte a **fost numit** directorul băncii.	*The former president was named director of the bank.*

(*c*)　They can also act as nouns:

Pe acea uşă era scris '**fumatul** interzis'.	*On that door was written 'smoking prohibited'.*

In the above example there are in fact three past participles – **scris**, **fumat** and **interzis**. **Fumatul** is the noun and carries the *the* form.

Scrisul lui este foarte elegant.	*His handwriting is very elegant.*

Past participles can also form part of a noun:

o maşină de **spălat**	*a washing machine*
o maşină de **scris**	*a typewriter*
o maşină de **copiat**	*a photocopier*
un fier de **călcat**	*an iron*
hârtie de **scris**	*writing paper*

(d)   Preceded by **de** they correspond to an English infinitive, i.e. *to do,* *to hire*:

Ce este **de făcut**?	*What is to be done?*
Mai am câteva pagini **de citit**.	*I've got a few more pages* *to read.*
Ai 50 de lei **de plătit**.	*You've got 50 lei to pay.*
Scrisul lui este elegant şi uşor **de citit**.	*His handwriting is elegant and* *easy to read.*
Apartamental este **de** **închiriat**.	*The flat is for rent.*
Este bine **de ştiut** dacă benzinăriile sunt deschise.	*It is a good thing to know if the* *petrol stations are open.*

Note:

uşor **de citit**	*easy to read*
bine **de ştiut**	*good to know*
greu **de făcut**	*difficult to do*

4   'Anything', 'anyone', 'anybody'

orice	*anything*
oricine	*anyone*
oriunde	*anywhere*
oricum	*anyhow*
oricât	*however much*

Oricine poate învăţa limba română.	*Anyone can learn Romanian.*
Fac **orice** ca să plec.	*I'll do anything to leave.*
Oricum nu avem ce pierde.	*Anyhow we've got nothing* *to lose.*
Oricât încerci n-o să reuşeşti.	*However much you try you* *won't succeed.*
Oriunde te uiţi vezi afişe cu lozinci.	*Wherever you look you see* *posters with slogans.*

România și românii

Almost two-thirds of Romania is farmland. The principal crops are maize and wheat and the province of Wallachia is an important region for growing both. Moldavia and Transylvania are also fertile arable areas but are equally important for cattle raising. In addition to maize and wheat, Romania produces large quanities of sunflowers used for making vegetable oil for cooking.

Romania is notable for its production of fruit and vegetables. Of the former, plums and apples are most plentiful, the plum being crushed and dis-

tilled to make a brandy called **țuică**. Many peasants make their own **țuică** and wine from the grapes which you will invariably find covering the hillslopes of Transylvania and Moldavia. There are also many state-owned vineyards which produce excellent wines. As a result of a Land Reform introduced in 1991 60 per cent of the land which was nationalised without compensation by the Communist government in 1949 was returned to its owners, but a significant proportion still remains under state control.

Wine labels – both from producers based in or near Bucharest

Dialog

George is wondering where to go for a break.

George   Aș vrea să mă duc câteva zile la mare. Unde mă sfătuiești să merg? Unde crezi că ar fi cel mai bine?

Radu   Depinde ce-ți place: să stai la un hotel într-o stațiune cu viață de noapte, baruri, cluburi, terenuri de tenis și golf sau poate preferi o casă de țară într-un sat.

George   În mod cert prefer să am apă caldă toată ziua.

Radu   Atunci să te duci la Olimp, la Jupiter sau la Mamaia. Ai și piscine dacă nu-ți place să înoți în mare. Pe plajă sunt cabine unde îți poți schimba costumul de baie.

George   Dar poți găsi umbrele și șezlonguri de închiriat?

Radu   Binenţeles.

George Asta-i bine. Nu-mi place să fiu prea bronzat şi nici să mă
            ardă soarele prea tare, mai ales în primele zile.

Radu   N-ai vrea să vii cu mine la munte? Te bronzezi mai frumos
            pe munte. Uite, plecăm mâine, luăm cortul şi dacă n-avem
            chef să urcăm pe jos, mergem cu telefericul.

George Nu, mulţumesc. Sunt un tip comod. Nu vreau să fiu obligat
            să port rucsacul în spate, încărcat cu haine groase, în toiul
            verii. Pentru mine vacanţa ideală e cea petrecută pe malul
            mării, sub o umbrelă, cu o carte de citit.

Radu   E în regulă. Dacă mergi cu maşina, să faci plinul şi să iei şi
            o canistră cu benzină de rezervă.

George Cum adică 'să faci plinul'?

Radu   Să ceri să-ţi umple rezervorul cu benzină.

George Aha! Am înţeles! Crezi că s-ar putea să am probleme cu
            benzina?

Radu   Nu cred, sunt sigur.

George Eh! Când ai probleme, n-ai timp să te plictiseşti. Asta-i bine.

 ——————————— **Exerciţii** ———————————

 1 Listen to the cassette, or read the dialogue again, and give the
       reasons why George prefers to go to the seaside.

2 Translate into English:
   (a) Cel care vine acum spre noi este Adrian.
   (b) Maria este cea pe care trebuie s-o întrebi acest lucru.
   (c) Dumneavoastră sunteţi cel căruia îi place să stea la soare.
   (d) Victor şi Maria sunt cei cărora le telefonez.
   (e) Mă întrebi unde este umbrela sub care stă George? Este cea
        roşie de acolo.
   (f) Prietenii buni sunt cei care te ajută la nevoie.

3 Put the adjective and adverbs into the superlative.
   Example: Este o piesă bună.
   Este cea mai bună piesă.
   (a) Este o piesă bună.
   (b) Aceştia sunt studenţi inteligenţi.
   (c) Sunt prietenele mele bune.
   (d) Unde este un restaurant bun?

(e) În această librărie poţi găsi cărţi bune şi interesante.
(f) Radu se bronzează repede.
(g) La mare ne simţim bine.
(h) Este un computer scump.

4 Translate into Romanian:
(a) At best they will find two tickets just before the performance begins.
(b) If the worst comes to the worst you could go by taxi.
(c) Who is his best friend?
(d) This was the most difficult exam.
(e) They think that these towns are the most beautiful.
(f) This is the best wine.
(g) You are our best friends.

5 Choose the right words from the list below to complete the sentences.
Example: George este chemat de profesor.
(a) George este _____ de profesor.
(b) Acest apartament este _____ de domnul Georgescu.
(c) Locurile sunt _____ de două doamne.
(d) Pachetul este _____ de soţul meu.
(e) Suntem _____ la o petrecere.
(f) Aceste cărţi sunt _____ de toţi prietenii mei.
(g) Scrisoarea este _____ de această secretară.

(i)	scrisă	(v)	chemat
(ii)	invitaţi	(vi)	închiriat
(iii)	citite	(vii)	ocupate
(iv)	trimis		

6 Rewrite Exercise 5 using the verbs of the past.
Example: George a fost chemat de profesor.

7 Translate Exercise 5 into English.

8 Complete the blanks with the past participle.
Example: Azi am multe de făcut.
(a) Azi am multe de (**a face**).
(b) Ai ceva de (**a citi**)?
(c) Pe acea uşă era (**a scrie**): 'Fumatul (**a interzice**)'.
(d) Acolo este (**a scrie**): 'Intrarea oprită'.
(e) Cine ştie dacă acest apartament este (**a închiria**)?
(f) Este bine de (**a şti**) cât costă o cameră la hotel.
(g) Uşor de (**a zice**), greu de (**a face**).
(h) Sunt multe de (**a vedea**).

16
CUM SĂ COMANZI
Being authoritative

In this unit you will learn

- how to manage when you need a doctor
- to issue commands like *come here*
- to say *the one, the other, each*

 —————— **Cuvinte cheie** ——————

aer (n)   air
amândoi, amândouă   both
aproape   nearby
a asculta   to follow what someone
  is saying
boală, boli (f)   illness
calmant, calmante (n)   painkillers
cap, capete (n)   head
a se dezbrăca   to get undressed
diagnostic, diagnostice (n)   diagnosis
a durea   to hurt
gata   ready
gât, gâturi (n)   neck, throat
grijă, griji (f)   care, concern
guturai (n)   (head) cold
injecție, injecții (f)   injection
a înghiți   to swallow

îngrijorat, îngrijorată, îngrijorați,
  îngrijorate   worried
a se înroși   to turn red
a se întinde   to stretch
ipohondru, ipohondră
  hypochondriac
limbă, limbi (f)   tongue, language
a mulțumi   to thank
penicilină (f)   penicillin
piept, piepturi (n)   breast, chest
a pișca   to sting
plămân, plămâni (m)   lung
radiografie   X-ray
răceală, răceli (f)   cold
a răci   to catch cold
răsfățat, răsfățată, răsfățați,
  răsfățate   pampered, spoilt

război, războaie (n)   war
a respira   to breathe
rețetă, rețete (f)   prescription
a ridica   to raise, to lift up
a se ridica   to rise up
**sănătos, sănătoasă, sănătoși,
   sănătoase**   healthy
a se plânge   to complain
a scoate   to extract
a se scuza   to apologise
seringă, seringi (f)   syringe
singur, singură, singuri, singure
   on one's own
sirop, siropuri (n)   syrup, fruit drink
a se speria   to be frightened
temperatură, temperaturi (f)
   temperature
tensiune (f)   blood pressure
tratament, tratamente (n)   treatment
tuse (f)   cough
a tuși   to cough
a ține   to hold

a uita   to forget
a ustura   to smart
vitamină vitamine (f)   vitamin
a avea guturai   to have a head cold
a avea amețeli   to feel dizzy
a avea tensiune   to have blood
   pressure
a bate la cap   to pester
cel de-al doilea război mondial
   the Second World War
Cum ta cheamă?   What is your
   name? (Lit. what do they call you?)
a face o injecție   to have an injection
a fi răcit   to have a cold
Îl doare capul.   He has a headache.
   (Lit. the head hurts him)
în primul rând   in the first place
a lua tensiunea   to take (someone's)
   blood pressure
Sănătate!   Good health!
ș.a.m.d. = și așa mai departe   and
   so on

Explicații

1 Ailments

When expressing ailments in Romanian the verb **a durea** *to hurt* is used. It behaves differently from English *hurts* as the following examples show. A literal translation is given in brackets:

Mă doare capul.

I have a headache (me hurts the head).

O doare spatele.

Her back hurts (her hurts the back).

Te doare un dinte?

Do you have a toothache? (you hurts a tooth?)

Îl doare în gât.

He has a sore throat (him hurts in the throat).

Mă dor picioarele.

My legs ache (me hurt the legs).

A durut-o spatele.	*Her back hurt (hurt her the back).*
Pe ei i-**au durut** mâinile.	*Their hands hurt them (them hurt the hands).*

A ustura *to smart* is used like **durea**:

Mă ustură ochii.	*My eyes are smarting.*

Note also:

Mi se înroşesc ochii.	*My eyes are turning red (to me they are turning red the eyes).*

2 Giving instructions and commands

Romanian verbs, like English ones, have a special form for giving orders called the imperative. Commands like *send him back!*, *shut up!*, *clear off!* are rendered in this form which is not easy to formulate in Romanian. Fortunately, you can also use **să** forms (see Unit 7 page 57) to indicate a gentle command such as:

Să nu faceţi zgomot!	*Don't make any noise!*
Să nu-l invitaţi la noi!	*Don't invite him to our house!*
Să nu pleci!	*Don't leave!*

You cannot, however avoid the imperative as you will need to be able to recognise it, even if you prefer to use a **să** form. Here are some rules to help you identify and use it.

(*a*) In the singular (i.e. when addressing one person), the imperative is often the same form as the *you* form of the present, especially if the verb is not normally used with an object:

Ta**ci**!	*Be quiet!*
Fug**i** de ai**ci**!	*Get away from here!*
Merg**i**!	*Go!*

A small number of verbs that are used with an object belong to this category:

Vez**i**!	*See!*

However, most verbs with an object use the *he*, *she* and *it* form of the verb:

Trimite-l acasă!	*Send him home!*
Pune-o pe masă!	*Put it on the table!*
Şterge parbrizul!	*Wipe the windscreen!*

A useful tip is to note that all **a**- type verbs and all those with *he* and *she* forms in **-eşte** and **-oară** form the singular imperative from the *he*, *she* and *it* forms:

Cântă!	*Sing!*
Vorbeşte!	*Speak!*
Coboară!	*Come down!*

Some of the most commonly used verbs have short, unusual forms:

Dă!	*Give!*
Fii!	*Be!*
Vino!	*Come!*
Ia!	*Take!*
Fă!	*Do!*
Zi!	*Say!*

(*b*) The plural of the imperative is more straightforward. It is simply the same in all cases as the plural *you* form of the present:

Cântaţi!	*Sing!*
Tăceţi!	*Be quiet!*
Veniţi!	*Come!*
Daţi!	*Give!*
Faceţi!	*Do!*

But note the exception:

Fiţi!	*Be!*

(*c*) Negative commands addressed to one person by *don't* are formed with **nu** followed by the infinitive without **a**:

Nu veni!	*Don't come!*
Nu pleca!	*Don't leave!*
Nu vorbi!	*Don't speak!*

(*d*) The negative plural is the same as the negative plural *you* form of the present:

Nu veniţi!	*Don't come!*
Nu plecaţi!	*Don't leave!*
Nu fumaţi!	*Don't smoke!*

But:

Nu fiţi naiv(i)!   *Don't be naive!*

(*e*) Reflexive verbs in the singular use the *he*, *she* or *it* form of the present and append **-te**.

Uită-te (shortened to Uite!)	*Look!*
Trezeşte-te!	*Wake up!*
Grăbeşte-te!	*Hurry up!*

The most common example of the singular reflexive is provided by the irregular **du-te** which is used in swearing and cursing:

Du-te dracului!   *Go to hell! (Lit. go to the devil!)*

(*f*) In the plural reflexive verbs add **-vă** to the plural *you* form of the present:

Sculaţi-vă!	*Get up!*
Duceţi-vă!	*Go!*
Potoliţi-vă!	*Calm down!*

(*g*) The *don't* forms of the reflexive verbs are the same as those of ordinary verbs, except that **te** and **vă** precede the verb:

Nu te uita!	*Don't look!*
Nu vă uitaţi!	*Don't look!*
Nu te plânge!	*Don't complain!*
Nu vă plângeţi!	*Don't complain!*
Nu te grăbi!	*Don't hurry!*
Nu vă grăbiţi!	*Don't hurry!*

(*h*) Note the position of the *me, to me, him, to him, her, to her* etc. forms in the following examples:

Lasă-l!	*Leave him!*
Lăsaţi-l!	*Leave him!*
Las-o!	*Leave her/it!*
Lăsaţi-o!	*Leave her/it!*
Lasă-mi banii!	*Leave me the money!*
Lăsaţi-mi banii!	*Leave me the money!*
Lasă-mă în pace!	*Leave me alone!*
Lăsaţi-le în pace!	*Leave them alone!*

In the dialogue listen carefully to the pronunciation of such expressions as **duceţi-vă** and compare the pronunciation of the **-i** with its value in **uitaţi** and **daţi**.

(*i*) In *don't* constructions the *me, to me, him, to him, her, to her*, etc.

forms precede the verb:

Nu-l lăsa!	*Don't leave him!*
Nu-l lăsați!	*Don't leave him!*
Nu o lăsa!	*Don't leave her!*
Nu o lăsați!	*Don't leave her!*
Nu-mi lăsa banii!	*Don't leave me the money!*
Nu-mi lăsați banii!	*Don't leave me the money!*

3 Saying 'one of', 'some of', 'others'

(a) *One of/some of* are expressed by forms of **unul**:

masculine/neuter		feminine	
unul	one of	**una**	one of
unuia	of/to one of	**uneia**	of/to one of
unii	some of	**unele**	some of
unora	of/to some of	**unora**	of/to some of

Unul din noi este un mincinos.	*One of us is a liar.*
Una din fete este bolnavă.	*One of the girls is ill.*
Unii din copii au plecat acasă.	*Some of the children have gone home.*
Unele din infirmiere nu fac nimic.	*Some of the nurses don't do anything.*
Unora nu le convine orarul.	*The timetable doesn't suit some of them.*

Note the use of **pe** in the following:

I-am văzut **pe unii** aruncînd sticle.	*I saw some (of them) throwing bottles.*
L-am rugat **pe unul** din doctori să mă ajute.	*I asked one of the doctors to help me.*

Unul and **una** may also stand before nouns:

Unii mineri sunt cu guvernul.	*Some miners are on the side of the government.*

When used thus **unora** becomes **unor**:

Unor spectatori nu le-a plăcut.	*Some spectators didn't like it.*

(b) These forms require **nu** before the verb.

Nici un autobuz nu oprește la hotelul Astoria.	*Not one bus stops at the Hotel Astoria.*
Nici unul nu oprește.	*Not one stops.*
Nici o chelneriță n-a vrut să ne ia comanda.	*Not one waitress wanted to take our order.*
Nici una n-a vrut.	*Not one of them wanted to.*

(c) *Other, another* can be expressed by both **alt** and **altul**. **Alt** is used before a noun:

masculine/neuter		feminine	
alt	other	**altă**	other
altui	of/to another	**altei**	of/to another
alți	others	**alte**	others
altor	of/to others	**altor**	of/to others

Alți deputați au votat contra.	*Other deputies voted against.*
Ei folosesc **alte** criterii.	*They used other criteria.*

Altul also stands on its own:

masculine/neuter	feminine
altul	**alta**
altuia	**alteia**
alții	**altele**
altora	**altora**

Unii au votat pentru, **alții** contra.	*Some voted for, others against.*
Unora le-a plăcut concertul, **altora** nu.	*Some liked the concert, others didn't.*

(d) *The other* as opposed to *other* is rendered by **celălalt** which is a combination of **cel** and **alt**, both of which have to agree with the noun. The same form is used whether it stands before a noun or on its own:

masculine/neuter		feminine	
celălalt	the other	**cealaltă**	the other
celuilalt	of/to the other	**celeilalte**	of/to the other
ceilalți	the others	**celelalte**	the others
celorialți	of/to the others	**celorlalte**	of/to the others

Cealaltă mașină este cea pe care o caut.	*The other car is the one I am looking for.*
Locurile celorlalți sunt mult mai bune.	*The other people's seats are much better.*

4 'Each' and 'both'

(*a*) **Fiecare** *each* has the same forms as **care** (see Unit 14 page 131). Here are some examples of its use:

Fiecare trebuie să aibă grijă de bagajele lui.	*Each person must look after his own baggage.*
Fiecare copil are patul lui.	*Each child has his own bed.*
Să-i dăm **fiecărei** infirmiere un cadou?	*Shall we give each nurse a present?*
I-am trimis **fiecărui** prieten o carte poștală.	*I send each friend a postcard.*

Amândoi and **amândouă** meaning *both* are followed by the noun in the *the* form:

Amândoi frații au participat.	*Both brothers attended.*
Amândouă doctorițele sunt de gardă.	*Both doctors are on duty.*

România și românii

Under Communist rule Romania was transformed from an agricultural to an industrial country. Industrialisation over the last half century was accompanied by urbanisation, and as a result the population profile changed dramatically. In 1940, nine out of ten Romanians lived in villages. Today only five out of ten do so. In 1940, 75 per cent of Romanians worked on the land while in 1992 this percentage had fallen to 25 per cent. More than 40 per cent of Romanian workers were employed in industry at the time of the revolution, but the goods they produced were largely poor quality and heavily subsidised.

The economic reforms, introduced by the government in 1991 for moves towards a market economy, have caused massive unemployment. The withdrawal of subsidies led to the collapse of many factories and without alternative sources of employment have created a feeling of inertia and apathy among large sections of the working population. This in turn has produced an upsurge in crime and disillusionment with the reform process. Instead of seeing the benefits of capitalism, many Romanians see only the negative side of it, and it will take many years for the economic situation to improve and bring significantly higher living standards than those experienced under the dictator Nicolae Ceaușescu.

Dialog

Mrs Ionescu visits the doctor. She takes Maria and Andrei with her because they are not feeling well.

Doamna Ionescu	Domnule doctor, sunt foarte îngrijorată.
Doctorul	De ce, doamnă? Vă doare ceva sau sunt bolnavi copiii?
Doamna	Amândoi tuşesc, au guturai, îi doare capul, azi-noapte au avut 37,2 şi...
Doctorul	Asta nu e temperatură mare. Dezbrăcaţi-i, vă rog.
Doamna	Se pot dezbrăca şi singuri.
Doctorul	Oh, scuzaţi-mă. Credeam că sunt răsfăţaţi. Cum te cheamă?
Maria	Maria.
Doctorul	Maria, întinde-te, te rog, pe pat. Aşa. Să te ascult la plămâni. Respiră! Tuşeşte! Nu mai respira! Bun. Acum ridică-te! Scoate limba şi spune 'Aaa'. Te doare când înghiţi?
Maria	Da
Doctorul	Îmbracă-te. Pe tine cum te cheamă?
Andrei	Andrei.
Doctorul	Vino aici, Andrei. Mai aproape. Nu te speria! Zi 'Aaa'. Şi pe tine te doare în gât, nu-i aşa?
Andrei	Mă doare.
Doctorul	Acum respiră! Stai! Ţine aerul în piept! Gata! Îmbracă-te! Doamnă, nu e decât o simplă răceală. În câteva zile vor fi sănătoşi.
Doamna	Ce să le dau, domnule doctor?
Doctorul	Daţi-le o vitamină C de trei ori pe zi, o aspirină seara după ce mănâncă, o linguriţa de sirop de tuse de două ori pe zi şi pencilină V.
Doamna	Îmi daţi o reţetă?
Doctorul	Bineînţeles. Duceţi-vă la farmacia din colţ şi nu uitaţi să le daţi ceaiuri cu multă lămâie. Sănătate!
Doamna	Mulţumim.

☑ ——————————— **Exercitii** ———————————

📼 1 Listen to the cassette, or look at **Romanian sounds** on pages 9–11, for the pronunciation of the commands.

2 Translate this dialogue.

Prietenul Trebuie neapărat să te duci la doctor.
George Nu-mi place să merg la doctor.
Prietenul Chiar dacă nu-ți place, trebuie să vezi ce ai.
George Dar n-am nimic! Sunt sănătos tun!
Prietenul Ai uitat că te-ai plâns că ai amețeli.
George Ah, da! Și ce dacă?
Prietenul S-ar putea să ai tensiune.
George Voi românii, sunteți toți doctori.
Prietenul Știu că te bat la cap, dar e mai bine să te duci să-ți ia tensiunea, să faci niște injecții și...
George Și după aceea o să mă acuzați că sunt ipohondru!

3 Use the correct form of **unul**, **altul**.
Example: Unora le place marea, altora le place muntele.

(a) _____ le place marea, _____ le place muntele.
(b) _____ doresc să asculte jazz, _____ preferă muzica pop.
(c) _____ din copii învață, _____ face plajă.
(d) _____ din studente îi este rău, _____ îi este somn.
(d) _____ fete sunt mai frumoase decît _____.
(f) _____ din prietenii mei nu-i plac spectacolele.

4 Choose the right word to complete the blanks.
Example: Acest copil are temperatură, iar celălalt tușește.

(a) Acest copil are temperatură, iar _____ tușește.
(b) Aceștia sunt câinii mei, iar _____ sunt ai lor.
(c) Aceste medicamente sunt scrise pe rețetă, iar pentru _____ medicamente nu e nevoie de rețetă.
(d) Această doctoriță e mai bună ca _____.
(e) Cui vreți să scrieți? Acestor prieteni sau _____ prieteni.
(f) Acestuia nu-i convine vinul, _____ nu-i place berea.

(i) ceilalți   (iv) celelalte
(ii) cealaltă   (v) celorlalți
(iii) celălalt   (vi) celuilalt

5 Complete the blanks overleaf following the example.
Example: Fiecare vrea să fie sănătos.

(a) Fiec__ vrea să fie sănătos.

(b) Fiec__ doctor ştie să ia tensiunea.

(c) Am dat telefon fiec__.

(d) Amând__ copiii au răcit.

(e) Amând__ studentele sunt inteligente.

(f) Radu şi George merg amând__ la facultate.

6 Give the singular command form of the verbs.
Example: Spune Mariei să-mi dea telefon.

(a) (a spune) Mariei să-mi dea telefon.

(b) (a da) bani lui Ion să cumpere bilete la cinema.

(c) (a citi) această carte.

(d) (a lua) medicamentele de pe reţetă.

(e) (a se duce) să vezi acest spectacol.

(f) (a se uita) la televizor.

(g) (a aminti) -i să scrie scrisorile.

7 Put the commands in Exercise 6 into the negative.
Example: Nu spune Mariei să-mi dea telefon.

8 Put the commands in Exercise 6 into the plural.
Example: Spuneţi Mariei să-mi dea telefon.

9 Translate into Romanian:

(a) I have a headache.

(b) My back hurts.

(c) My eyes are smarting.

(d) I have toothache.

(e) My legs ache.

(f) I have a pain in the chest.

(g) I have a temperature.

(h) I have a sore throat.

(i) I need a painkiller.

17

SĂ INTRĂM
ÎN AMĂNUNTE

Getting down to details

In this unit you will learn

- to use further expressions of time such as *until, whenever*
- more uses of **să**
- additional examples of **pe**
- to say *first, second, third*

———————— Cuvinte cheie ————————

abia   only, hardly
a apărea   to appear
clarvăzător, clarvăzătoare,
   clarvăzători, clarvăzătoare
   clairvoyant
concediu, concedii (n)   leave,
holiday
degeaba   in vain
a deranja   to disturb
a dezvolta   to develop
discuție, discuții (f)   discussion
elev, elevi (m)   pupil
elevă, eleve (f)   pupil
greșeală, greșeli (f)   mistake,
   wrong number
a greși   to make a mistake

a ieși   to exit, to go out
impertinent, impertinentă, impertinenți,
   impertinente   impertinent
a încerca   to try
a întâlni   to meet
a se întâlni   to meet
a întârzia   to delay
a se întoarce   to return
a merita   to deserve
număr, numere (n)   number
poștă, poște (f)   post
probabil   probably
răbdare, răbdări (f)   patience
a răspunde   to reply
a reclama   to report, to complain
   about

respectiv, respectivă, respectivi, respective respective	**o carte de telefon** a telephone directory
a se schimba to change	**a da telefon** to make a telephone call
secret, secrete (n) secret	**deranjamente** telephone faults
serviciu, servicii (n) job, work, favour	service engineers
a se strica to damage	**a face atingere** to have (Lit. make) a crossed line
a suna to ring	**Despre ce e vorba?** What's it all about?
a telefona to telephone	
telegramă, telegrame (f) telegramme	**din nou** again
tocmai exactly, just	**a i se face dor de** to miss
vechi, veche, vechi, vechi old	**a ieşi la pensie** to retire
a verifica to check	**e inutil** there's no point
voce, voci (f) voice	**noroc** good luck
vreun, vreo one, any	**număr de telefon** telephone number
astfei de such a	**Sună ocupat.** It's ringing engaged.
a avea dreptate to be right	**a veni înapoi** to come back
a avea răbdare to have patience	**aţi greşit numărul** you've got the wrong number

Explicaţii

1 Expressions of time

(*a*) When examining the present (*is*) and imperfect (*was*) tenses, your attention was drawn to the use of **de mult** and **de puţin**. Here are some reminders:

Invăţ româneşte numai **de puţin** timp. — *I have been learning Romanian for only a short while.*

Locuim **de cinci** ani la Londra. — *We have been living in London for five years.*

Locuiam **de cinci** ani la Londra. — *I/we have been living in London for five years.*

A question receiving the type of answer given above would be introduced in Romanian by **de când?** *for how long?*:

De când învăţaţi româneşte? — *How long have you been learning Romanian?*

De când locuiţi la Londra? — *How long have you been living in London?*

Note that the present tense is used in the above examples with **de**

când as the equivalent of English *have been*. The actions referred to, i.e. *have been learning*, denote a state or an incomplete action.

(b) Where the action has been completed the past tense may be used:

De când n-a mai primit nici o scrisoare?	*How long is it since he received a letter?*
N-a mai primit nici o scrisoare de mult.	*He hasn't received a letter for some time.*
N-a mai primit nici o scrisoare de trei zile.	*He hasn't received a letter for three days.*

Instead of **de trei zile**, there are a number of expressions, such as:

de astă iarnă	*since last winter (the winter just passed)*
din iarna trecută	*since last winter (a year ago last winter)*
din 1989	*since 1989*
din aprilie	*since April*
de ieri	*since yesterday*
de luni	*since Monday*
de la 1 decembrie	*since December 1st*
De câte săptămâni n-a mai venit la ore?	*How many weeks is it since he attended classes?*
N-a mai venit **de** trei săptămâni.	*He hasn't attended for three weeks.*

(c) There are a number of new words to add to those such as **când** *when*, **după ce** *after*, and **în timp ce** *while* to which you have already been introduced:

abia	*just, hardly*
cum	*as soon as*
ori de câte ori	*whenever*
încă	*yet*
Abia acum am reuşit să termin.	*I have only just managed to finish.*
Cum o văd te voi suna.	*The moment I see her I will give you a call.*
Ori de câte ori plec în grabă uit ceva.	*Whenever I leave in haste I forget something.*
George n-a venit **încă**.	*George hasn't come yet.*

Expressing *until, before* in Romanian can be done by a variety of combinations with **până**. You can use: **până, până când, până ce** and **până nu**.

The first three are virtually interchangeable:

Să rezolvăm problema **până**   *Let's solve the problem before*
  (**când**) plecăm.   *we leave.*
Rămân aici **până** (**ce**) vine ea. *I'm staying here until she*
                          comes.

Până nu *until* is used when introduced by a negative verb:

Nu plec **până nu**-mi dă telefon. *I'm not leaving until he rings*
                           me.
El nu va semna **până nu**   *He won't sign until he receives*
  primește niște garanții.   *some guarantees.*

Până nu can also mean *before* in the sense of setting a time limit by which an action might take place:

Să-l găsim **până nu** pleacă la *Let's find him before he leaves*
  serviciu.   *for work.*
Să cumpărăm un apartament   *Let's buy a flat before they go*
  până nu se scumpesc.   *up in price.*

Până să means *by the time that*:

Până să căpătăm o viză biletul *By the time we obtained a visa*
de avion nu mai era valabil.   *the plane ticket was no longer*
                           valid.

Până să ajungă George la Gara *By the time that George*
de Nord trenul era deja la   *reached the North Station the*
Ploiești.   *train was already at Ploiești.*

2 More uses of pe

In Unit 10, (see page 96) **pe** was introduced accompanying stressed pronouns and preceding nouns denoting persons when they are the object of an action, e.g.

Pe ea o văd mâine.   *I'll be seeing **her** tomorrow.*
Îl întrebăm pe domnul Porter. *We'll ask Mr Porter.*

You have also seen **pe** used with other pronouns such as **cine** and **care**, e.g.

Pe cine să invităm la masa   *Whom shall we invite to dinner?*
  de seară?

Banii **pe care** îi am. | *The money that I have.*

There are a range of other pronouns with which **pe** is found. **Pe** is only used when these pronouns denote somebody or something that is the object of the verb:

L-am întâlnit **pe unul** din prietenii mei. | *I met one of my friends.*

I-am văzut **pe toţi** la recepţie. | *I saw them all at the reception.*

Le-am găsit **pe acestea** la un magazin din centru. | *I found these (things) at a shop in the centre.*

Nu-i mai întâlnesc decât **pe cei care** ţin la mine. | *I only meet those who are fond of me.*

3 More examples of să

As you saw in Unit 7, (see page 57) **să** is often the equivalent of *to* in English. Here are a number of instances in which **să** is required in Romanian.

(*a*) With verbs of command or instruction:

Doctorul le-a spus copiilor **să** ia medicamentele. | *The doctor told the children to take the medicines.*

Generalul a dat ordinul **să** se retragă. | *The general gave the order to retreat.*

Radu mi-a telefonat **să** nu ies din casă. | *Radu rang me (to tell me) not to go out of the house.*

(*b*) With verbs of *wanting* and *wishing*:

Vreau **să plec** în Statele Unite. | *I want to go to the United States.*

Ei ţin **să ne vadă**. | *They are keen to see us.*

(*c*) With *must* and *to be able*:

Trebuie să aşteptăm şi **să** vedem. | *We must wait and see.*

N-au putut să închirieze o maşină. | *They weren't able to hire a car.*

(*d*) With phrases of the type *it is easy to, it is difficult to*:

Mi-e greu **să plec** chiar acum. | *It's difficult for me to leave right now.*

Este o problemă **să** aranjăm o
vizită în momentul de față.

*It's a problem for us to arrange
a visit at present.*

(*e*) With words introducing questions:

Când **să** le facem o vizită?
Cum **să** ajung la metrou?

When shall we pay them a visit?
*How shall I get to the
underground?*

Ce **să** facem în situația asta?

*What shall we do in this
situation?*

(*f*) With prepositions such as **fără**, **înainte**, **în loc să**:

Fără să exagerez erau peste
2.000 de cadavre acolo.

*Without (my) exaggerating
there were over 2,000 bodies
there.*

Înainte să termin aș vrea să-i
mulțumesc lui Ion.
În loc să mergem azi să
mergem mâine.

*Before finishing I'd like to
thank John.*
*Instead of going today let's go
tomorrow.*

(*g*) With **ca** to express purpose:

Ca să fiu cinstit el nu-mi place.
Radu a făcut cumpărăturile **ca
să** nu fie obligată ea **să** le
facă.

To be honest I don't like him.
*Radu did the shopping to spare
her having to do it.*

Note the position of **ea** in the above example. The same meaing would
be expressed by:

Radu a făcut cumpărăturile ca ea să nu fie obligată să le facă.

Similarly you can say both:

Așteptăm **să** vină Victor luni.
Așteptăm **ca** Victor să vină luni.

*We are excpecting Victor to
come on Monday.*

4 More about the 'to do' form of the verb

(*a*) You can also indicate purpose with the *to* form of the verb. Taking
the examples from 3(*g*) they become:

Pentru **a fi** cinstit el nu-mi
place.

To be honest I don't like him.

Radu **a făcut** cumpărăturile
pentru a **nu fi** obligată ea să
le facă.

Radu did the shopping to spare
her having to do it.

(*b*) With prepositions such as **fără**, **înainte de**, **în loc de** the *to* form
of the verb can be used instead of **să**:

Fără a exagera erau peste
2.000 de cadavre acolo.

Without (my) exaggerating
there were more than 2,000
bodies there.

Înainte de a termina aş vrea
să-i mulţumesc lui Ion.

Before finishing I'd like to
thank John.

În loc de a merge azi să
mergem mâine.

Instead of going today let's go
tomorrow.

(*c*) The *to* forms are commonly used as an alternative to **să** in the
following expressions:

Ai **ce** mânca?

Have you got something to eat?

Ai **ce să** mănânci?

Have you got something to eat?

N-avem unde sta.

We've got nowhere to stay.

N-avem unde să stăm.

We've got nowhere to stay.

Am **ce** face.

I've got something to do.

Am **ce să** fac.

I've got something to do.

Elevii n-au cu ce să scrie.

The pupils haven't got anything
to write with.

5 Saying 'first', 'second', 'third'

First, *second*, *third*, etc. are known as ordinal numbers and in
Romanian they behave like adjectives. They therefore have masculine,
feminine and neuter forms (short forms in brackets):

masculine/neuter	feminine	
primul, întâilul (1-ul)	**prima, întîia (1-a)**	1st
al doilea (al 2-lea)	**a doua (a 2-a)**	2nd
al treilea (al 3-lea)	**a treai (a 3-a)**	3rd
al patrulea (al 4-lea)	**a patra (a 4-a)**	4th
al cincilea (al 5-lea)	**a cincea (a 5-a)**	5th
al şaselea (al 6-lea)	**a şasea (a 6-a)**	6th
al şaptelea (al 7-lea)	**a şaptea (a 7-a)**	7th
al optulea (al 8-lea)	**a opta (a 8-a)**	8th
al nouălea (al 9-lea)	**a noua (a 9-a)**	9th
al zecelea (al 10-lea)	**a zecea (a 10-a)**	10th

Note also **ultimul, ultima** *the last*: **primul** and **ultimul** always precede the noun while the other numbers may either precede or follow. All can stand on their own. When the number comes first the noun is used in its *a* form, and when it follows the noun is in the *the* form. Here are some examples:

prima mea vizită	*my first visit*
primul lui paşaport	*his first passport*
ultimul ei ban	*her last penny*
a **doua** cursă	*the second race*
al **doilea** om din stânga	*the second man on the left*
al **treilea** om	*the third man*
omul al **treilea**	*the third man*
sfârşitul primului război mondial	*the end of the First World War*
primul şi **ultimul** oaspete	*the first and the last guest*

Note how you say *of the first* in the last example. In order to express *of the second/of the third*, etc. **cel** (see Unit 15) precedes the number and agrees with the noun:

începutul **celei** de-a doua curse	*the beginning of the second race*
moartea **celui** de-al doilea preşedinte	*the death of the second president*

You may also find:

cel dîntâi	(for)	**întâiul, primul**
cea dintâi	(for)	**întâia, prima**
cel de-al doilea	(for)	**al doilea**
cea de-a doua	(for)	**a doua**, etc.

The pattern of **al doilea/a doua** is followed when forming the other ordinals:

al cincisprezecelea (al 15-lea)	a cincisprezecea (a 15-a)	15th
al douăzecilea (al 20-lea)	a douăzecea (a 20-a)	20th
al douăzeci şi unulea (al 21-lea)	a douăzeci şi una (a 21-a)	21st
al o sutălea	a suta	100th
al o mielea	a mia	1000th

a şaptezecea aniversare a zilei de naştere a regelui	*the king's 70th birthday*
a treia aniversare a revoluţiei	*the third anniversary of the revolution*

Am plecat prima oară în România în anul 1991.	*I left for Romania for the first time in 1991.*
Am vizitat a doua oară în 1992.	*I visited for the second time in 1992.*

But:

Am vizitat România de două ori.	*I visited Romania twice.*
Am vizitat România de trei ori.	*I visited Romania three times.*
Am vizitat România de patru ori.	*I visited Romania four times.*

România și românii

Romania's largest city is its capital Bucharest which has more than two million inhabitants. Bucharest is by far the most populous city in the country. The next biggest city is Brașov, in Transylvania which, had in 1991 barely 400,000 people. Bucharest is a young city compared with Brașov. It only came to prominence in the middle of the 17th century when the Prince of Wallachia moved his capital to the town, while its period of greatest expansion followed its designation as capital of Romania in 1862.

Brașov was founded by the Teutonic Knights and German settlers in the early years of the 13th century. The Knights were invited by the King of Hungary to defend the eastern frontiers of Transylvania which at that time was a possession of the Hungarian Crown. Brașov is one of seven major towns established by German settlers during that period and for this reason the German name for Transylvania is Siebenburgen (seven towns). After the revolution of December 1989 more than 100,000 Germans emigrated from Transylvania to Germany leaving some 70,000 in Romania!

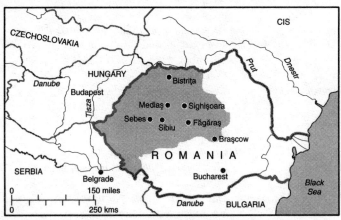

Transylvania – the shaded area – is a large part of the country

Dialog

Telephone talk. Dan Scarlat is trying to get in touch with Domnul Georgescu and in the process gets a fault on the line.

Dan Scarlat	Alo, casa Georgescu?
Doamna Georgescu	Da, casa Georgescu.
Dan	Bună ziua, doamnă. Dan Scarlat la telefon. Aş putea vorbi cu domnul Georgescu?
Doamna	Soţul meu tocmai a ieşit. S-a dus la poştă să vă trimită o telegramă şi cărţile pe care i le-aţi cerut.
Dan	Oh! Dar i le-am cerut acum un an. Credeam că a uitat.
Doamna	N-a uitat. Însă le-a găsit de-abia ieri.
Dan	Ştiţi cumva peste cât timp se întoarce?
Doamna	A spus că vine după ce trece pe la un prieten. Sper că nu întârzie mult.
Dan	Pot să-l caut la acel prieten?
Doamna	Bineînţeles. Să vă dau numărul de telefon Unde poate fi? Gata, l-am găsit: 54 32 88.
Dan	Mulţumesc foarte mult. La revedere.
Dan	Alo, îmi pare rău că trebuie să vă deranjez încă o dată, doamnă. Încerc de o oră la numărul pe care mi l-aţi dat, dar când sună ocupat, când răspunde o voce care spune că e greşeală.
Doamna	Poate că s-a schimbat numărul. Un moment, să-l caut în noua carte de telefon. Nu, nu s-a schimbat. E acelaşi: 54 32 88.
Dan	O să mai încerc.
Doamna	Trebuie să aveţi răbdare.
Dan	Trebuie să-l reclam la deranjamente?
Doamna	Inutil. Dacă-i deranjat, nu poate fi reparat imediat.
Dan	Şi atunci ce să fac?
Doamna	Să aşteptaţi să vă sune soţul meu când se întoarce acasă.
Dan	Da, e o idee bună. Numărul meu e 310 3746. Vă mulţumesc, doamnă. La revedere.

Exerciții

1 Listen to, or read, the dialogue again and write it out.

2 Fill in the blanks with the appropriate expression of time from the options below.

Example: Trebuie să vă grăbiți să-l găsiți _____ pleacă la serviciu.

Trebuie să vă grăbiți să-l găsiți *până nu* pleacă la serviciu.

(a) Trebuie să vă grăbiți să-l găsiți _____ pleacă la serviciu.

(b) _____ sun la acest număr, sună ocupat.

(c) Să vorbim despre asta _____ ajungem la gară.

(d) _____ acum a terminat cartea.

(e) Nu, îmi pare rău, fiul meu nu s-a întors _____ de la facultate.

(f) _____ îl văd, îi spun să vă telefoneze.

(g) Nu plec _____ mi dă telefon.

(i) până nu	(iv) ori de câte ori
(ii) cum	(v) abia
(iii) până când	(vi) încă

3 Translate into English.

(a) De când îl cunoașteți pe fiul meu?

(b) Ați ieșit la pensie de mult?

(c) De câți ani învățați latina?

(d) De câte săptămâni n-au mai primit nici o scrisoare?

(e) De când nu l-ați mai văzut?

(f) De cât timp locuiți la Paris?

(g) Fumați de mult?

4 Answer the questions above in Romanian.

5 Translate into Romanian.

(a) Before leaving for the office I intend to make several telephone calls.

(b) Radu didn't come round to our house any more after he returned from abroad.

(c) Are you dropping in before you go on leave?

(d) We haven't seen each other for five or six years, in other words since we finished university.

(e) Recently I haven't done anything interesting.

(f) I long for the sea every time I think of holidays.

6 Formulate questions in Romanian to give the replies in Exercise 5.

7 Translate into English:
(a) Elevii merg la școală cinci zile pe săptămână.
(b) Plecăm în România de mâine într-o săptămână.
(c) Ei merg la munte de trei ori pe an.
(d) Trebuie să facă o injecție din două în două zile.
(e) Peste trei săptămâni e ziua lui Radu.
(f) Îi dăm telefon din când în când.
(g) Cumpărați ziarul în fiecare zi?

8 Complete the sentences from the options below.
Example: I-au sfătuit pe studenți să citească
(a) I-au sfătuit pe studenți _____
(b) Doctorul a spus copiilor _____
(c) V-a fost ușor _____
(d) Mi-ați spus _____
(e) Ne-au invitat _____
(f) Ai plecat fără _____
(g) Așteptăm ca Victor _____

(i) să citească
(ii) să mănânci
(iii) să ne scrie
(iv) să nu uite să ia medicamentele
(v) să le facem o vizită
(vi) să găsiți o casă de închiriat
(vii) să vă telefonez

9 Translate into English:
(a) Pe cine ai mai văzut în ultimul timp?
(b) Am întâlnit pe unul din domnii pe care mi i-ai prezentat săptămâna trecută.
(c) Pe care din ei, pe profesor sau pe doctor?
(d) Eu n-am mai avut timp să văd pe nimeni.
(e) Într-o vreme îi întâlneam pe toți la petreceri.
(f) Acum nu-i mai întâlnesc decât pe cei care locuiesc aproape de mine.

10 Use the correct form of **primul, prima**.
Example: În primul rând trebuie să mergi la doctor.
(a) În _____ rând trebuie să mergi la doctor.
(b) Acești băieți au ajuns _____ la teleferic.
(c) Radu a fost la Paris pentru _____ oară.
(d) _____ medicamente pe care le-am luat au fost bune.
(d) Spuneți _____ copil să se dezbrace.
(f) Acesta este _____ lucru pe care trebuie să-l fac.

11 Translate into English:

(*a*) Au citit cărți interesante despre cele două războaie mondiale.

(*b*) Multe s-au întâmplat de la cel de-al doilea război mondial.

(*c*) Asta este a zecea carte pe care o scrie.

(*d*) Al cincilea tratament a fost cel mai bun.

(*e*) Îți spun a suta oară același lucru.

Some stamps from Romania ...

18

REZULTATE

Results

In this unit you will learn

- to use more reflexive verbs
- to say things like *so quickly that, so much that*
- to express *doing, leaving, taking*

 ## Cuvinte cheie

abonament, abonamente (n)
  subscription, season ticket
act, acte (n) document, paper
a afla to find out, discover
anumit, anumită, anumiți, anumite
  certain
a se apropia (de) to draw near (to),
  approach
a arunca to throw
a auzi to hear
banc, bancuri (n) joke
a bate to beat
brânză, brânzeturi (f) cheese
carne (f) meat

celebru, celebră, celebri, celebre
  celebrated, famous
a certa to admonish, to tell someone
  off
a se certa cu to argue with
a se concentra (asupra) to
  concentrate (upon)
discurs, discursuri (n) speech
divers, diversă, diverși, diverse
  different
emisiune, emisiuni (f) broadcast
a felicita to thank
a ieftini to reduce in price
meci, meciuri (n) match

mesaj, mesaje (n) message	**a transmite** to transmit
a se mira to be surprised	**zvon, zvonuri** (n) rumour
naiv, naivă, naivi, naive naive	**a se zvoni** to be rumoured
a observa to observe	**buletin de ştiri** news bulletin
a paria to bet	**După cum ştii...** As you know...
pariu, pariuri (n) bet	**a deschide televizorul** to turn on
păi! well!	the TV
a presupune to suppose	**a da drumul la televizor** to turn on
a provoca to provoke	the TV
radio, radiouri (n) radio	**a închide televizorul** to turn off the
rest (n) change	TV
scamator, scamatori (m) conjurer	**Lăsaţi-mă în pace!** Leave me alone!
a se scumpi to become expensive	**a lua la braţ** to take on one's arm
slab, slabă, slabi, slabe weak	**a face pariu pe** to make a wager on
stagiune, stagiuni (f) theatre season	**Nu mai spune!** You don't say!
a striga to shout	**cu răceală** coldly
suficient, suficientă, suficienţi,	**a da restul** to give change
suficiente sufficient	**a-şi da seama** to realise
suporter, suporteri (m) supporter	**E (timp) frumos.** It's fine weather.
ştire, ştiri (f) item of news	**E (timp) urât.** It's bad weather.
ştiinţă, stiinţe (f) knowledge	**Nu-mi vine să cred.** I find it difficult
televizor, televizoare television	to believe.
a toci to swot, to cram	**aşa-i trebuie** It serves him right!

🗝️ ———————————— **Explicaţii** ————————————

1 More reflexive forms

Reflexive verbs, denoting actions that affect oneself such as **mă spăl** *I wash myself*, were presented in Unit 7 (see pages 55–56). You also met in Unit 12 (page 118) a number of impersonal verbs which are also reflexive. You will remember that an impersonal verb is one which does not have a person as its subject, or as the *doer* of an action. **A se întâmpla** *to happen* and **a se părea** *to seem* are examples of impersonal verbs in Romanian because you have to use the verb in the manner of *it happens to be*, *it seems to me* and not *I happen*, *I seem*. Since both these verbs are reflexive in Romanian *to me* is expressed by the shortened form of the pronoun.

mi se pare	*it seems to me*
ţi se pare	*it seems to you,* etc.
mi s-a părut	*it seemed to me*

(a)   You also saw in Unit 12 (page 115) that verbs may be used in the reflexive when you wish to avoid attributing actions or remarks to a person:

Mi s-a spus că au sosit.	*I was told that they had arrived.*
Ni s-au dat multe cărți.	*We were given many books.*
Nu li s-a oferit nimic.	*Nothing was offered to them.*

Here are some more examples of such verbs:

Se zvonește că o să mai vină minerii.	*It's rumoured that the miners will come again.*
Se vede că guvernul n-a învățat nimic.	*It's obvious that the government hasn't learnt anything.*
Se afirmă că prăbușirea guvernului a fost urmarea unei lovituri de stat.	*It is claimed that the fall of the government was the consequence of a coup d'état.*

(b)   A verb often assumes a reflexive form when it is used without an object:

Au stins luminile.	*They turned out the lights.*
Luminile s-au stins.	*The lights went out.*
Dumnezeu a creat universul.	*God created the universe.*
Universul s-a creat.	*The universe was created.*
Primul ministru a mărit lefurile.	*The Prime Minister raised wages.*
Lefurile s-au mărit.	*Wages have been increased.*

(c)   Where two or more people are both the *doer* and object of an action a reflexive form is required.

S-au întâlnit în fața hotelului.	*They met in front of the hotel.*
Radu și Dan se ceartă zilnic.	*Radu and Dan quarrel daily.*
Suporterii s-au bătut la meci.	*The supporters fought each other at the match.*
Nu ne-am văzut de mult.	*We haven't seen each other in ages.*

(d)   You may find a reflexive form in Romanian where English prefers a passive:

Cheile s-au pierdut.	*The keys have been lost.*
Mașina s-a vândut.	*The car has been sold.*
Discursul s-a rostit.	*The speech has been delivered.*
Tot vinul s-a băut.	*All the wine has been drunk.*

2 Saying 'with the result that'

This may be expressed by **aşa de** and **atît** de followed by **încît**:

Era **aşa de** frig **încât** au renunţat să meargă la mare.	*It was so cold that they decided not to go to the seaside.*
Concertul era **aşa de** prost **încât** am plecat după un sfert de oră.	*The concert was so poor that we left after a quarter of an hour.*
Ministrul vorbeşte **aşa de** încet **încât** nu-l aud.	*The minister speaks so softly that I can't hear him.*

You will also find **atât** and **cât** with a variety of meanings:

Pe **cât** era de urît, pe **atât** era de prost.	*He was as stupid as he was ugly.*
După **cât** se pare, s-a scumpit benzina.	*By all accounts the price of petrol has gone up.*
Cu **cât** ştim mai mult, cu **atât** ne dăm seama **cât** de puţin ştim.	*The more we know, the more we realise how little we know.*

In the following examples note that **atât** agrees:

Erau **atâţia** oameni acolo încît nu vedeai scena.	*There were so many people there that you couldn't see the stage.*
Avem **atâtea** datorii încât nu ştim cum o să ne descurcăm.	*We have so many debts that we don't know how we are going to make ends meet.*

3 'Seeing', 'writing', 'wanting', etc.

(a) These forms are known grammatically as present participles. They are created in Romanian by adding endings to the root of the *to see, to write*, etc. form of the verb. The type of ending added depends on the nature of the verb. Thus those ending in **-i**, **-ia** and **-ie** use **-ind**:

a scr**ie**	scri**ind**	*writing*
a întârz**ia**	întârzi**ind**	*being late*
a cit**i**	cit**ind**	*reading*
a dorm**i**	dorm**ind**	*sleeping*
á f**i**	fi**ind**	*being*

— 177 —

Note:
All other verbs take **-ând**:

a lua	**luând**	*taking*
a da	**dând**	*giving*
a cînte	**cântând**	*singing*
a pune	**punând**	*putting*
a şterge	**ştergând**	*wiping*

(b) Reflexive verbs ass **-u** to **-ind/-înd**:

a se spăla	**spălându-se**	*washing*
a se trezi	**trezindu-se**	*waking up*
a-şi imagina	**imaginându-şi**	*imagining*

-u is also added when the participle is followed by *him, us, them,* etc.

citind**u**-l	*reading it*
cumpărând**u**-le	*buying them*
alegând**u**-i	*choosing them*

However, **-u** is not added if **o** (*her, it*) follows:

trezind-**o**	*waking her up*
luând-**o**	*taking her*

(c) Unusual forms:

având	*having*
bătând	*beating*
căzând	*falling*
deschizând	*opening*
făcând	*doing*
trimiţând	*sending*
văzând	*seeing*
întorcându-se	*returning*

The negative form is made by putting **ne** in front of the verb:

neavând	*not having*
neştiind	*not knowing*

Examples:

Neavând bani de metrou, m-am dus acasă pe jos.	*Not having any money for the underground, I went home on foot.*
Întorcându-mă la maşină, am găsit portofelul.	*Returning to the car I found the wallet.*

| Văzându-l pe Victor i-am dat plicul. | *Seeing Victor I gave him the envelope.* |
| Imaginându-mi că sunt la mare, m-am dezbrăcat. | *Imagining that I was at the seaside, I got undressed.* |

România și românii

About 85 per cent of Romanians, some 17 million, belong to the Orthodox faith. There are estimated to be more than 300,000 Romanian baptists and between one and two million adherents to the Uniate, or Greek Catholic, church. Because the Uniate church recognised the authority of the Pope it was outlawed by the Communist authorities in 1948, and all five of its bishops and many of its priests were imprisoned. Most of them died there. The property of the Uniate church was taken over by the Orthodox church. Following the revolution in December 1989, the Uniate church was re-established and its principal bishop was made a Cardinal by the Pope.

The majority of Romania's two million Hungarians are Catholic, but a considerable number (700,000) belong to the Hungarian Reformed Church, In the Dobrogea region on the Black Sea, there are about 40,000 Turks and Tatars who are Moslem. The rapidly dwindling German population of Transylvania is largely Lutheran.

Many Romanians are named after saints of the Orthodox church and on the saint's day celebrate their name like a birthday. Thus on Saint George's day, 23 April, Romanians with the name of Gheorghe are given presents by family and friends. Some common Romanian Christian names are Constantin, Dumitru and Vasile which are all names of saints of the Orthodox church.

Dialog

The importance of rumour and jokes. Maria and Radu are shocked by news of soaring prices.

Maria De când m-am întors din concediu, am auzit diverse zvonuri.

Radu Nu mai spune! Ce se zvoneşte?

Maria Păi, se pare că iar se scumpeşte benzina!

Radu Şi ce, te miri?

Maria Bineînţeles.

Radu Şi ce se mai spune?

Maria Se zice că un bilet de autobuz va costa 1000 lei.

Radu Asta nu cred.

Maria Nici mie nu-mi vine să cred.

Radu Se pare că s-a transmis la ştiri că s-a scumpit abonamentul la televizor.

Maria Cu cât e mai scump, cu atât emisiunile sunt mai slabe, ai observat?

Radu Nu, pentru că, după cum ştii, n-am televizor.

Maria Da, aşa e. Eu, având unul, mă simt obligată să-l deschid din când în când.

Radu Aşa-ţi trebuie! Apropo, ştii bancul cu scamatorul?

Maria Nu! Spune-mi-l!

Radu O doamnă, întâlnind pe stradă un scamator celebru, îl provoacă spunându-i că face pariu că nu e bun de nimic. Scamatorul, zîmbind, pune pariu pe un milion de lei că de la un anumit balcon va fi aruncat în stradă un televizor. Scamatorul se concentrează, doamna se uită cu interes la balcon unde vede aparând un om. Uitându-se enervat spre ei, le strigă: Lăsaţi-mă în pace! N-am ce arunca în stradă! N-am televizor!

Maria Apropo de banc, te-ai mai văzut cu Nicu? Am aflat că Nicu tocmai şi-a cumpărat un televizor în culori.

Radu Aşa-i trebuie!

⚡ ——————————— **Exerciţii** ———————————

1 At some time during a visit to Romania you are likely to have to fill
   in a registration form, be it for a visa, a hotel room, or for hiring a
   car. Here is a typical form. Fill in your own personal details:

Numele . . . .

Prenumele . . . .

Data naşterii. . . . .

Locul naşterii. . . . .

Domiciliul Ţara . . . .

        Localitatea . . . .

        Strada . . . .

        Nr . . . .

Scopul vizitei în România. . . . .

Gazda şi adresa. . . . .

Data intrării în România . . . .

---

gazdă (f)	host
naştere (f)	birth
scop (n)	purpose

2 Listen to, or read the dialogue again and write it out. See how
   many reflexive verb forms you can identify.

3 Put the verb into the past tense.
Example: Am auzit că (**a se vinde**) toate biletele.
　　　　　Am auzit că **s-au vândut** toate biletele.
(a) Am auzit că (**a se vinde**) toate biletele.
(b) La radio (**a se transmite**) o emisiune foarte interesantă de știință.
(c) (**a se termina**) stagiunea de concerte.
(d) (**a se trimite**) mesajul.
(e) La petrecere (**a se bea**) tot vinul și toată țuica.
(f) (**a se citi**) toate discursurile.
(g) (**a se termina**) filmul.
(h) (**a se scumpi**) ziarele.

 4 Translate into English.
(a) Se zice că s-a scumpit brânza.
(b) Se spune că e coadă la carne.
(c) S-a zvonit că se vor ieftini ouăle.
(d) Se crede că va fi o iarnă grea.
(e) Se presupune că la vară va fi cald.
(f) Se vede că oamenii sunt triști.

5 Put the verbs into the present, imperfect, and past tenses.
Example: Ne (**a se întâlni**) la ziua Anei.
　　　　　Ne **întâlnim** la ziua Anei.
　　　　　Ne **întâlneam** la ziua Anei.
　　　　　Ne-**am întâlnit** la ziua Anei.
(a) Ne (**a se întâlni**) la ziua Anei.
(b) Se (**a se vedea**) foarte des la cozi.
(c) Vă (**a se certa**) degeaba.
(d) Se (**a se saluta**) cu răceală.
(e) Ne (**a se felicita**) după fiecare examen.
(f) Suporterii (**a se bate**) la meci.

6 Translate Exercise 5 into English.

7 Complete the blanks.
Example: Văz_____ că s-au terminat biletele, am renun-
**　　　　　țat să văd spectacolul.**
　　　　　Văz**ând** că s-au terminat biletele, am renunțat să văd spectacolul.
(a) Văz_____ că s-au terminat biletele, am renunțat să văd spectacolul.
(b) Fi_____ obosiți, au plecat în concediu.

(c) Neav_____ destui bani, nu și-a mai cumpărat mașină.
(d) Ven _____ spre casă, ne-am întâlnit cu George.
(e) Deschiz_____ radioul, a aflat că mâine va fi frumos.
(f) Scr_____ scrisoarea, și-a dat seama că nu știe adresa.

8 Replace the bold words with *him, her, it, them,* etc.
   Example: Citind **articolul**, a aflat că a început stagiunea.
              Citind-l, a aflat că a început stagiunea.
   (a) Citind **articolul**, a aflat că a început stagiunea.
   (b) Văzând **pe Victor**, i-a transmis mesajul.
   (c) Scriind **scrisorile**, a obosit.
   (d) Punând **masa**, a uitat paharele.
   (e) Luând **pe Ana** la braț, i-a spus ultimele știri.
   (f) Dând banii **lui Victor** și-a dat seama că și-a pierdut actele.

9 Use the required form of the reflexive.
   Example: Ducând _____ spre casă, ați observat că nu aveți bani
              suficienți.
              Ducându-vă spre casă, ați observat că nu aveți
              bani suficienți.
   (a) Ducând _____ spre casă, ați observat că nu aveți bani
   suficienți.
   (b) Trezind _____ prea târziu, n-a mai avut timp să mănînce.
   (c) Spâlând _____ iarna cu apă rece, au răcit.
   (d) Dând _____ seama că e tîrziu, am luat un taxi.
   (e) Imaginând _____ că ești milionar, ai cheltuit toți banii.
   (f) Amintind _____ că peste 3 zile au examen, au început să
   învețe.

10 Translate into English.
   (a) După câte știu, au plecat ieri la Viena.
   (b) Cu cât știi mai mult, cu atât îți dai seama cât de puțin știi.
   (c) Era așa de frig, încât au renunțat să meargă la mare.
   (d) Pe cât era de urât, pe atât era de prost.
   (e) Emisiunea este atât de slabă, încât trebuie să închidem tele
   – vizorul.
   (f) După cât se pare, s-a scumpit benzina.

19

ORIENTARE ÎN SPAȚIU

Position

In this unit you will learn to say

- *I had seen, I had slept*, etc.
- *I might be going, I might have gone*
- *in front of, around, at the back of*

 ── **Cuvinte cheie** ──

acționar, acționari (m) share holder	**cumnat, cumnați** (m) brother in law
acțiune, acțiuni (f) share (in a company)	**cumnată, cumnate** (f) sister in law
anunț, anunțuri (n) advertisement	**a cunoaște** to know
apropiat, apropiată, apropiați, apropiate neighbouring, close	**curs** (n) exchange rate
avere, averi (f) wealth	**a depune** to deposit
bancă, bănci (f) bank	**discret, discretă, discreți, discrete** discreet
bunic, bunici (m) grandfather	**a dura** to last
bunică, bunici (f) grandmother	**frate, frați** (m) brother
bursă, burse (f) grant, Stock Exchange	**grozav** terrific
cec, cecuri (n) cheque	**indiscret, indiscretă, indiscreți, indiscrete** indiscreet
comision, comisioane (n) errand, commission	**a încasa** to cash
cont, conturi (n) account	**a îngriji** to take care of
credit, credite (n) credit	**a se întreba** to wonder
	lanț, lanțuri (n) chain

licitație, licitații (f) auction	currency exchange office
mătușă, mătuși (f) aunt	**carte de credit** credit card
nepot, nepoți (m) grandson, nephew	**carnet de cecuri** cheque book
nepoată, nepoate (f) granddaughter, niece	**cec de călătorie** traveller cheque
	Cât la sută? What percentage?
relație, relații (f) relative, relation	**cu trei luni înainte** three months earlier
a retrage to withdraw	
a se retrage to retreat	**curs valutar** exchange rate
rudă, rude (f) relative	**după colț** round the corner
SIDA (f) Aids (the virus)	**a deschide un cont în bancă** to open a bank account
sistem, sisteme (n) system	
soră, surori (f) sister	**față de** compared with
a spera to hope	**în genul** of the type
unchi, unchi (m) uncle	**de îngrijit** to look after
valută, valute (f) hard currency	**mica publicitate** small ads
văduvă, văduve (f) widow	**în orice caz** in any case
văr, veri (m) cousin	**a retrage din cont** to withdraw from an account
verișoară, verișoare (f) cousin	
a avea cont în bancă to have a bank account	**pe sistemul** along the lines of
	unu la sută one per cent
birou de schimb bureau de change,	**valută forte** hard currency

Explicații

1 Saying 'I had seen', 'I had slept', etc.

(a) An action expressed in the time-frame of *I had seen/done/left* is conveyed in what is known as the pluperfect tense which is another way of saying *the more than past tense*. In fact, you form this tense by taking the past participle (Unit 9, page 77), dropping the final **-t** where applicable, and adding the following endings:

-sem	**-serăm**
-seși	**-serăți**
-se	**-seră**

Here are some examples with different categories of verb:

cânta**sem**	*I had sung*	tăcu**sem**	*I had kept silent*
cânta**seși**		tăcu**seși**	
cânta**se**		tăcu**se**	
cânta**serăm**		tăcu**serăm**	
cânta**serăți**		tăcu**serăți**	
cânta**seră**		tăcu**seră**	

făcusem	*I had done*	mersesem	*I had gone*
făcuseși		merseseși	
făcuse		mersese	
făcuserăm		merseserăm	
făcuserăți		merseserăți	
făcuseră		merseseră	
scrisesem	*I had written*	coborâsem	*I had descended*
scriseseși		coborâseși	
scrisese		coborâse	
scriseserăm		coborâserăm	
scriseserăți		coborâserăți	
scriseseră		coborâseră	

(*b*) Note these unusual forms which are modelled on the exceptional past participles met in Unit 9:

fusesem	*I had been*	dădusem	*I had given*
fuseseși		dăduseși	
fusese		dăduse	
fuseserăm		dăduserăm	
fuseserăți		dăduserăți	
fuseseră		dăduseră	

A avea *(to have)* has two forms:

avusem	*I had had*	avusesem	*I had had*
avuseși		avuseseși	
avuse		avusese	
avuserăm		avuseserăm	
avuserăți		avuseserăți	
avuseră		avuseseră	

(*c*) **Examples:**

Îmi propusesem să deschid un cont.	*I had taken it upon myself to open an account.*
Luasem metroul dar tot întârziasem.	*I had taken the underground, but I had still arrived late.*
Când am ajuns am constatat că ei plecaseră cu trei luni înainte.	*When I arrived I discovered that they had left three months earlier.*

In the above example note the phrase **cu trei luni înainte** *three months earlier*. Do not confuse this with **acum trei luni** *three months ago*.

✱ Note:
(*i*) that **după ce** is followed by the past tense in Romanian whereas *after* in English is often followed by *had done/left*, etc:

După ce am stat zece ore în tren nu ne-a așteptat nimeni la gară.	*After we had spent ten hours in the train no one waited for us at the station.*

(*ii*) that Romanian uses the *had* forms in reported speech less often than in English:

Au crezut că am plecat fără umbrelă.	*They thought I had left without my umbrella.*
Nu ne-am imaginat că a fost arestată.	*We didn't imagine that she had been arrested.*

2 'I might be going', 'I might have gone', 'I wonder if'

(*a*) Statements expressing a present or past possibility such as *he may go, he might be going, he might have gone* can be conveyed in two ways in Romanian. You can:

(*i*) use a conditional form of **a se putea** *to be able* followed by **să**:

S-ar putea să ajungem mâine.	*We may/might arrive tomorrow.*
S-ar putea ca George **să** vrea să schimbe niște dolari.	*George might want to change some dollars./Maybe George will want to change some dollars.*

Might have is expressed as **să fi** plus the past participle:

S-ar putea ca George **să fi vrut** să schimbe niște dolari.	*George might have wanted to change some dollars.*
S-ar putea ca noi **să fi crezut** că s-a schimbat ceva.	*We might have thought that something had changed.*

(*ii*) use a special form of the verb called the presumptive. This is constructed from the future **voi fi** plus the present participle to say *I might be doing*, and from **voi fi** plus the past participle to say *I might have done*:

voi fi mergând	*I might be going*	voi fi mers	*I might have gone*
vei fi mergând		vei fi mers	

va fi mergând   va fi mers
vom fi mergând   vom fi mers
veți fi mergând   veți fi mers
vor fi mergând   vor fi mers

In colloquial speech, **voi** often becomes **oi**:

	and **va**	**o**
	vom	**om**
	vor	**or**

Om fi ajungând mâine. | *We may/might arrive/*
| *be arriving tomorrow.*

George o fi vrând să schimbe niște dolari. | *George might want to change some dollars. Maybe George will want to change some dollars.*

George o fi vrut să schimbe niște dolari. | *George might have wanted to change some dollars.*

Noi om fi crezut că s-a schimbat ceva. | *We might have thought that something had changed.*

With the verb **a fi**, you find that **o fi** is preferred to **o fi fiind**:

Unde **o fi** Ana? **O fi** în grădină. | *Where can Ana be? She may be in the garden.*

Cine **o fi** logodnicul ei? | *Who can her fiancé be?*

(b) In the last two examples **o fi** is the equivalent of *I wonder where?*, *I wonder who?* You could in fact ask:

Mă întreb unde este Ana? | *I wonder where Ana is?*

Mă întreb cine este logodnicul ei? | *I wonder who her fiancé is?*

The notion of *I wonder* can also be rendered by **oare**:

Oare unde este Ana? | *I wonder where Ana is?*

Oare cine este logodnicul ei? | *I wonder who her fiancé is?*

Compare these examples:

Ne întrebăm dacă se întoarce Monica. | *We're wondering if Monica is going to return.*

S-o fi întorcând Monica? = **Oare** se întoarce Monica? | *Is Monica going to return (I wonder)?*

Se întreabă când s-a construit biserica. | *They wonder when the church was built.*

Când s-o fi construit biserica? =
Oare când s-a construit
biserica?

When was the church
constructed (I wonder)?

3 'In front of', 'around', 'at the back of', 'because of'

(*a*) Some words indicating position, and a small number of expressions such as *because of*, are followed by nouns in the *to/of* form. Here is a list of examples:

lupta **contra** Sidei	*the fight against Aids*
lupta **împotriva** ignoranţei	*the fight against ignorance*
înaintea uşii	*in front of the door*
în faţa maşinii	*in front of the car*
în spatele vilei	*at the back of the villa*
în dosul hotelului	*at the back of the hotel*
în dreapta gării	*to the right of the station*
în stânga restaurantului	*to the left of the restaurant*
în fundul geamantanului	*at the bottom of the suitcase*
în jurul lumii	*around the world*
în urma accidentului	*following the accident*
din cauza inflaţiei	*because of inflation*
deasupra apartamentului meu	*above my flat*
de-a lungul şoselei	*along the main road*
în locul generalului	*in place of the general*

Me, you and *our*, when preceded by the above expressions, are conveyed by the possessive adjective forms which agree. The expressions in **-a** are regarded as feminine nouns, and those in **-le** and **-ul** as neuters:

În faţa mea este o statuie.	*In front of me is a statue.*
În dreapta noastră se află o fântână.	*There is a fountain on our right.*
Nu văd nimic în jurul meu.	*I see nothing around me.*

Him, her and *them* are represented by the personal pronoun:

În faţa lor este o statuie.	*In front of them is a statue.*
În dreapta lui se află o fântână.	*There is a fountain on his right.*
Ea nu vede nimic în jurul ei.	*She sees nothing around her.*

(*b*) As well as **în stânga**, **în dreapta**:
You may also meet **de stânga**, **de dreapta** in a political sense:

Partidul Social Democrat este
considerat un partid
de stânga.

*The Social Democratic party
is considered a party of
the Left.*

Partidul 'România Mare' este un
partid **de dreapta**.

*The România Mare party is a
party of the Right.*

România şi românii

Not long ago Bucharest was a dark, dirty and dismal city with cold flats and houses, and empty shops. Now the streets are better lit and many shops have coloured illuminated signs and elegant window displays. There is a greater choice of food and clothing, but prices are high. Wage increases have not kept up with the rise in prices and pensioners have been particularly badly hit. As government subsidies are withdrawn from the giant state industries which produce goods that nobody wants, workers are laid off and unemployment rises. Discontent can easily be channeled into nationlist feeling and this in turn can be used to support the reintroduction of authoritarian rule.

Tourism offers a potential area for growth in Romania. The beauty and variety of much of Romania's landscape is still largely inaccessible to visitors and carefully controlled development of the country's many lakes, spas and mountains could provide local employments and foreign earnings. Development of a food processing industry would enable the country to provide more food for its population and to increase its food exports. There is also room for expansion of the textile and furniture industries which have a skilled workforce that can produce goods of quality for export. However, import quotas and tariff barriers in the West restrict the amount of textiles which Romania can sell to the European Community and the United States. If Romania's economy is not given more assistance by the West, the pain of reform will become unbearable and the country will become a byword for instability rather than for prosperity.

Dialog

Changing money. Victor seeks advice about where the best rates of exchange are to be found.

Victor Petre, ştii cumva care e cursul dolarului?
Petre Faţă de leu?
Victor Da.
Petre Sunt 6000 de lei la dolar.
Victor Şi care e cel mai apropiat birou de schimb?
Petre După colţ, la hotel.

Victor	Pe dreapta sau pe stânga?
Petre	Pe dreapta, în stânga unei bănci.
Victor	Grozav. Mă duc la bancă. Tot îmi propusesem să deschid un cont.
Petre	E mai bine la bancă. Comisionul e mai mic.
Victor	Sper. Şi pot depune în cont dolarii pe care-i schimb. Încasez şi un cec de călătorie.
Petre	Mai ai ceva de făcut azi?
Victor	Nu. De ce?
Petre	N-ai vrea să vii cu mine la Radu? Luăm metroul şi într-un sfert de oră suntem acolo. Nu stăm mult. Durează cinci minute să-i dau anunţul.
Victor	Tocmai mă întrebam ce-o mai fi făcând. O fi venit de la Madrid?
Petre	A venit acum două zile.
Victor	Despre ce anunţ e vorba?
Petre	La Mica Publicitate.
Victor	Dar tu nu poţi să-l dai?
Petre	Ba da. Însă Radu are relaţii şi anunţul apare mai repede.
Victor	Ah! Pe sistemul: X cunoaşte pe Y care e rudă cu Z care-l ştie pe A ...
Petre	Exact. Unchi, mătuşi, bunici, veri, lanţul rudelor şi al slăbiciunilor.
Victor	Dacă nu-s indiscret, ce anunţ vrei să dai?
Petre	O să vezi. În orice caz, nu în genul: 'Tânără văduvă caută soţ bătrân cu avere de îngrijit.'

☑ ——————————— **Exerciţii** ———————————

1   In the last line of the dialogue Petre says: *You'll see. In any case not (an ad) of the kind: Young widow seeks an elderly husband with money to look after.* Here are some examples of typical small ads found in Romanian newspapers:

> **OFERTE**
> Firmă germană cu sediul în Bucureşti caută
> tânără secretară, max 30 ani, limba germană
> curent, engleză-franceză mediu, cunoştinţe
> optime de dactilografiere şi telex. Informaţii la
> telefon 650 20 24

VÂNZĂRI

VÂND Opel Rekord 1984, stare excepțională.
Tel. 797 53 25.

VÂND apartament 5 camere Bucur-Obor.
Telefon 788 00 11.

VÂND videorecorder Sony – 100 000 lei.
Tel. 971 22 122.

CUMPĂRĂRI

CUMPĂR apartament vilă sau bloc,
teren centru (lei/valută).
Tel. 765 77 00
CUMPĂR televizor color românesc.
Tel. 333 00 11.

SCHIMBURI

SCHIMB garsonieră București cu
similar Brașov. Tel. 01 60 95

---

dactilografiere (f)   typing
garsonieră (f)   studio flat
sediu (n)   headquarters

stare (f)   condition
teren (n)   land

---

 2 Listen to the cassette and say which of the following are true or false.

(a) Victor știe care e cursul dolarului.

(b) Victor nu știe unde se poate schimba valuta.

(c) Banca este în dreapta biroului de schimb.

(d) Victor vrea să meargă la bancă numai pentru a schimba dolari.

(e) Petre îi propune lui Victor să meargă la Radu pe jos.

3 Replace the verbs in bold by the pluperfect (*had*) forms.
Example: Știam că **a fost** în concediu.
Știam că **fusese** în concediu.

(a) Știam că **a fost** în concediu.

(b) Ne întrebam ce **au avut** împotriva noastră.

(c) **Au schimbat** niște cecuri de călătorie.

(d) **Am plecat** fără să văd dacă am cecul la mine.

(e) **Ne-am trezit** prea târziu pentru a mai găsi o bancă deschisă.

(f) **Ați crezut** că au plecat fără umbrelă.

4 Translate Exercise 3 into English.

---

5 Imagine you are in position A on the diagram. True of false?
(a) cinematograf
(b) teatru
(c) tutungerie
(d) restaurant
(e) bancă
(f) hotel
(g) poștă
(h) stație de metrou
(i) stație de autobuz

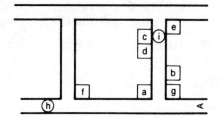

(i) Față de A, poșta e pe stânga și cinematograful e pe dreapta.
(ii) Pentru a ajunge la restaurant, luați-o pe a doua la dreapta și pe prima la stânga.
(iii) Restaurantul e în stânga tutungeriei.
(iv) Banca e vizavi de teatru.
(v) Stația de autobuz e în dreptul tutungeriei.
(vi) Cinematograful e pe colț.

6 Translate into English:
(a) Apartamentul meu este deasupra apartamentului lui Petre.
(b) În jurul casei este o grădină superbă.
(c) În spatele vilei se află piscina.
(d) Liftul este în fața apartamentului.
(e) Mașina lor e în stânga mașinii voastre.
(f) În dreapta hotelui se află o bancă.

7 Supply the correct form of the pronoun.
Example: Studenții stau în jurul (**el**).
Studenții stau în jurul **lui**.
(a) Studenții stau în jurul (**el**).
(b) În spatele (**ea**) este un bar.
(c) Familia Georgescu locuiește deasupra (**ei**).
(d) În fața (**noi**) este o stație de metrou.
(e) În dreapta (**dumneavoastră**) este un hotel.
(f) Toți sunt împotriva (**tu**).

8 Give a suitable form of the verbs in brackets.
Example: S-ar putea ca George (**a vrea**) să schimbe niște dolari.
S-ar putea ca George **să vrea/să fi vrut** să schimbe niște dolari.
(a) S-ar putea ca George (**a vrea**) să schimbe niște dolari.

(*b*)   S-ar putea să (**eu- a veni**) cu voi.

(*c*)   S-ar putea să (**noi- a pleca**) cu avionul.

(*d*)   Ce-o fi (**face**) George acum?

(*e*)   S-or fi (**a se întoarce**) din Franţa săptămâna trecută?

(*f*)   S-or fi (**a se duce**) ieri la doctor?

9   Translate Exercise 8 into English.

20

RECAPITULARE

Revision

1 Listen to the following dialogue, or read if you don't have the cassette. Then answer the questions.

Nicu	Alo, casa Stănescu?
O voce	Nu, ați greșit numărul.
Nicu	Nu aveți 718.24.25?
O voce	Nu!
Nicu	Scuzați, vă rog.
Nicu	Alo, casa Stănescu?
O voce	V-am spus de trei ori până acum că e greșeală.
Nicu	Oh! Scuzați!
Nicu	Alo, Informațiile?
I	Da, ce doriți?
Nicu	Aș vrea să știu ce număr are Stănescu Paul, strada Dreaptă. Numărul nu este în cartea de telefon.
I	Un moment, vă rog ... are 651.74.28.
Nicu	Este cumva un număr secret?
I	Nu.
Nicu	Atunci de ce nu este în carte?
I	Pentru că v-ați uitat într-o carte de telefon veche.
Nicu	Oh! Nu știam că a apărut cea nouă.
I	Nici n-a apărut!
Nicu	Ei, așa da! Trebuia să-mi dezvolt calități de clarvăzator.

I	Nu fiți impertinent!
Nicu	Scuzați-mă. Spuneți-mi, vă rog, aveți des astfel de discuții?
I	Da, mult prea des.
Nicu	N-aș spune că nu le meritați!

(a) What number did Nicu think he was ringing?

(b) How many times had he been told that he had called the wrong number?

(c) What did he do to find the correct number?

(d) Why couldn't he find the number?

(e) Why is Nicu called impertinent?

2   Here is a diagram of part of the Bucharest underground network. Use it to check your knowledge of *first*, *second*, and so on.

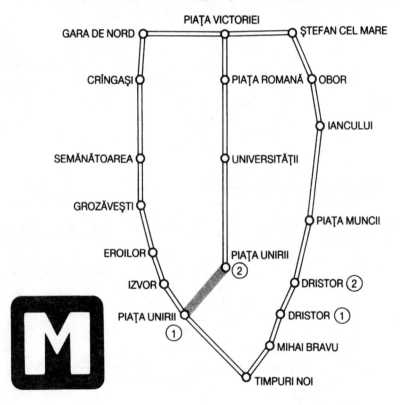

Bucharest undeground plan and symbol

(a) Câte stații sunt de la Gara de Nord la Grozăvești?
(b) Piața Romană este prima sau a doua stație după Universității?
(c) Dristor 1 este a treia sau a patra stație după Timpuri Noi?
(d) Între ce stații este Obor?

3 Look at the airport/city centre bus timetable below and then answer the questions.

Aeroport	Centru
0500	–
0600	0500
0715	0600
0800	0650
0900	0800
1000	0900
1100	1000
1200	1100
1300	1200
1400	1300
1500	1400
1600	1500
1700	1600
1800	1700
1900	1800
2000	1900
2100	2000
2200	2100
Centru	**Aeroport**

(a) La ce oră pleacă primul autobuz de la aeroport spre oraș?
(b) Care este ultimul autobuz din centrul orașului spre aeroport?
(c) Câte curse de autobuz pe zi sunt de la aeroport spre centru?
(d) Dacă pierzi autobuzul de la 0715 la aeroport cât trebuie să aștepți până pleacă următorul?
(e) Câte curse (buses) sînt pântă la aeroport după ora 2100?

4 Study the following announcements and then answer the questions.

Orele de decolare/aterizare pot fi modificate fără o înștiințare prealabilă. În consecință, pasagerii sunt rugați să verifice aceste date înainte de a-și face rezervarea.

(a) What can be changed without prior notice?
(b) What should passengers do before making a reservation?

Copiii beneficiază de tarife speciale în funcţie de vârstă (până la 12 ani) şi în cazul în care călătoresc singuri sau însoţiţi de un adult. Copiii sub 2 ani care nu ocupă un loc individual şi sunt însoţiţi de un adult beneficiază de o reducere de 90% din tariful pentru adult.

(a) What benefits do children enjoy?
(b) What is the age limit for such benefits?
(c) What benefits do childen under two receive?
(d) List the conditions which must be fulfilled?

5 Give the required form of the adjective.
Example: Toţi copiii lor sunt (**blond**).
           Toţi copiii lor sunt **blonzi**.
(a) Toţi copiii lor sunt (**blond**).
(b) Aş vrea o casă mai (**mare**) decât cea în care locuiesc.
(c) În ultima vreme aţi citit numai cărţi (**interesant**).
(d) Este o experienţă (**folositor**).
(e) Şi-a cumpărat nişte cărţi (**englezesc**).
(f) Vrea să-şi vândă maşina (**vechi**) şi să-şi cumpere una (nou).
(g) Aceşti tineri sunt foarte (**înalt**).
(h) Vederea este (**frumos**).

6 Match the columns:
(a) Cele mai multe limbi se vorbesc în ...   înotul.
(b) Cel mai sănătos sport este ...   India.
(c) Cel mai mare oraş din lume este ...   Canary
                                       Tower.
(d) Cea mai înaltă construcţie din Europe este ...   China.
(e) Ţara cu populaţia cea mai numeroasă este ...   Mexico City.

7 Replace the present with the present conditional.
Example: Dacă **vreţi, pot** să vă ajut.
           Dacă **aţi vrea, aş putea** să vă ajut.
(a) Dacă **vreţi, pot** să vă ajut.
(b) Dacă **am** timp, **trec** să te văd.
(c) Vă **duceţi** la ei dacă **vă invită**?
(d) Au spus că **se mută** dacă **găsesc** o casă mai bună.
(e) Îţi imaginezi că dacă **sunt** obligat, **stau** la coadă.
(f) Îi **telefonez** dacă **aflu** ce număr are.
(g) Dacă **este** cald, **plecăm** la mare.
(h) Dacă îmi **daţi** adresa, îi **scriu**.

8 Rewrite Exercise 7 using (a) the past conditional, and (b) the imperfect.

Example: Dacă ați fi vrut, aș fi putut să vă ajut.
Dacă voiați, puteam.

9 Use the correct reflexive pronouns.
Example: Victor și Maria_____ au întâlnit la cinema.
Victor și Maria s-au întâlnit la cinema.
(a) Victor și Maria_____ au întâlnit la cinema.
(b) Eu_____ am dus după cumpărături.
(c) Noi_____ am întors din străinătate.
(d) Copii, _____ ați spălat pe mâini?
(e) _____ ai trezit prea devreme.
(f) _____ ați uitat aseară la televizor?

10 Replace the past with the imperfect.
Example: Ne-am întâlnit foarte des.
Ne întâlneam foarte des.
(a) Ne-am întâlnit foarte des.
(b) V-ați salutat cu răceală.
(c) Și-au imaginat că ați fost grăbiți.
(d) Ne-am dat seama că au avut dreptate.
(e) Ți-ai amintit de el.
(f) S-au văzut la doctor.
(g) S-au certat foarte des.

11 Give the forms of the pronouns in brackets.
Example: (**Eu**) s-a spus că s-a scumpit benzina.
Mi s-a spus că s-a scumpit benzina.
(a) (**Eu**) s-a spus că s-a scumpit benzina.
(b) (**El**) s-a părut că e mai cald.
(c) (**Noi**) s-a zis să plecăm cu trenul.
(d) (**Voi**) s-a părut că i-ați văzut.
(e) (**Ei**) s-a transmis mesajul.
(f) (**Ele**) s-a terminat benzina.
(g) (**Tu**) s-au dat scrisorile.
(h) (**Dumneavoastră**) s-a comunicat adresa firmei.

12 Give the *don't* forms:
Example: Dă-i-l! Nu i-l da!
(a) Dă-i-l!
(b) Citește-i-o!
(c) Luați-o!
(d) Credeți-i!
(e) Transmite-i-le!
(f) Spune-mi-o!

ROMANIAN

(g) Du-i-le!
(h) Trimiteți-mi-l!

13 Add the correct ending.
Example: Au fost **anunțat(-)** că liftul a fost reparat.
Au fost **anunțați** că liftul a fost reparat.
(a) Au fost **anunțat(-)** că liftul a fost reparat.
(b) Ați fost **obligat(-)** să veniți înapoi mai repede.
(c) Maria, vei fi **invitat(-)** la teatru.
(d) Au fost **trezit(-)** de un telefon.
(e) Cecurile au fost **schimbat(-)** la bancă.
(f) Scrisorile vor fi **trimis(-)** mâine.
(g) Cartea a fost **pus(-)** în bibliotecă.
(h) Mesajele vor fi **transmis(-)**.

14 Translate into English:
(a) Se aude că se scumpește transportul.
(b) S-a crezut că se va schimba guvernul.
(c) Se vede că nu s-a schimbat nimic.
(d) Se pare că va fi o schimbare în viața ei.
(e) Se zvonește că va fi un spectacol superb.
(f) Se spune că e un tablou frumos.

15 Use the correct form of **al, a, ai, ale**.
(a) Aceste cărți sînt _____ mele.
(b) _____ cui este mașina?
(c) Acesta e un prieten de _____ ei.
(d) O prietenă de _____ mea pleacă la Roma.
(e) _____ cui sunt copiii?
(f) _____ tale sunt mai frumoase.
(g) _____ cui este bagajul?
(h) Acestea sunt _____ dumneavoastră.

16 Give the correct ordinal number.
Example: Este (5) oară când văd filmul.
Este **a cincea** oară când văd filmul.
(a) Este (5) oară când văd filmul.
(b) Este (3) schimbare de guvern.
(c) Au trecut mulți ani de la (2) război mondial.
(d) Acesta este (1) meci cîștigat de ai lor.
(e) Așteptăm cu interes (1) lui piesă.
(f) Când se va transmite (2) știre?
(g) O să fie publicat (4) volum.
(h) (8) articol este cel mai bun.

KEY TO THE EXERCISES

Unit 1

1 (a) Bună dimineața domnule Porter. (b) Bună ziua doamnă Enescu. (c) Bună seara domnișoară Enescu. **2** La revedere. **3** Vorbiți mai rar, vă rog. **4** (a) Bună ziua. Ce mai faceți? (b) Vorbiți mai rar, vă rog. (c) Nu mulțumesc. (d) La revedere. **5** Poftim? **6** Noapte bună. **7** (a) Bună dimineața (b) Noapte bună (c) Domnule (d) Ce mai faceți? (e) Bună ziua (f) Poftim? (g) La revedere (h) Bună seara (i) Scuzați: vertical = Mulțumesc. **Un mic test** (a) Bună ziua (b) Vorbiți englezește? (c) Mulțumesc

Unit 2

1 In a restaurant. **3** Îmi pare rău, nu avem ceai. Nu avem nici cafea. Poate doriți vin. **4** Scuzați, vă rog, unde este (a) un hotel (b) o farmacie (c) o stație de benzină. **5** (a) Nu mulțumesc, nu vreau cafea. (b) Nu, îmi pare rău, nu avem aspirine. (c) Nu vreau ceai. (d) Nu, nu este un hotel. (e) Nu, nu este o stație de taxiuri. **6** aspirine; benzină; țigări. **7** Cât costă. **8** O stație de benzină; o sticlă de vin; o cameră de hotel; două bilete de metrou. **9** zece bilete de tren

Unit 3

1 (a) true (b) false (c) true (d) false (e) true (f) false (g) false (h) true **2** d, b, c, g, h, e, a, f **3** (a) Aveți copii? (b) Aveți fete? (c) Sunteți englez? (d) Unde stați? (e) Cât timp stați aici? (f) Ce sunteți? (g) Câte zile/Cât timp stați la București? (h) Câte zile/Cât timp stați la Timișoara? **4** (a) un, (b) o, (c) un, (d) un, (e) un, (f) o, (g) un, (h) un, (i) un (j) un, (k) o, (l) o, (m) o, (n) o **5** vorbiți, unde, telefon, copil, aveți, sunteți, depinde, săptămână, ziaristă, sticlă. **6** (a) Sunteți româncă? (b) Sunt căsătorit. (c) Unde este un restaurant? (d) Mă numesc Victor Enescu. (e) Sunt student (f) Cât costă un bilet? (g) Vreau o sticlă cu apă minerală (h) Cât costă o cafea? (i) Unde este o farmacie? **7** (a) How much is a tea cake? (b) How much are two loaves? (c) We are staying seven days in Romania and nine days in Britain. (d) Would you like some coffee? (e) Yes, I would like two coffees. (f) We have four children. **8** Column (a) for Mr Porter and (b) for Mrs Porter. **9** (a) un, (b) nu, (c) român, (d) este, (e) seară, (f) tren, (g) am, (h) unde, (i) România, (j) aici, (k) noapte, (l) telefon **10** (a) câte, șaptesprezece, (b) câți, patru, (c) câte, paisprezece, (d) câte, douăsprezece, (e) câți, șaisprezece, (f) câți, unsprezece, (g) câte, cincisprezece (h) câte, douăsprezece (i) câți, șase.

Unit 4

Dialogue: (a) Mr Porter asks the way to the station. (b) The passerby asks Mr Porter whether he is going on foot or by bus. (c) About twenty minutes. (d) He goes on foot and then by bus. (e) Go straight on and then turn right. (f) Between the hotel and the restaurant. (g) There are six stops. (h) Yes. (i) Before you get to the hotel. **1** c, b, d, a. **2** Mergeți pe bulevard drept înainte până la intersecție, apoi la stânga. Este un hotel între o stație de autobuz și o farmacie. **3** (a) între (b) pe, până la (c) spre (d) lângă **4** (a) mergeți/stați (b) stă (c) ești (d) avem/luăm (e) mergi (f) sunt (g) iei, mergi (h) ia (i) avem (j) stau/sunt (k) aveți (l) stă/este (m) merg **5** (a) Noi stăm (b) Ei sunt (c) aveți (d) merg (e) stați (f) luați, mergeți (g) Ei iau. **6** (a) Mergeți la gară? Nu merg la gară. (b) Stă la hotel? Nu stă la hotel. (c) Are un tichet de autobuz? Nu are un tichet de autobuz. (d) Merg cu mașina? Nu merg cu mașina. (e) Sunteți român? Nu sunt român. (f) Sunt studenți? Nu sunt studenți. (g) Doriți un pahar cu vin? Nu vreau un pahar cu vin. (h) Vorbiți românește? Nu vorbesc românește. (i) Merge la farmacie? Nu merge la farmacie. (j) Luați autobuzul? Nu iau autobuzul. **7** (a) Tu/dumneata mergi/ Dvs./voi mergeți spre/la gară? (b) El stă la hotel? (c) Ea are un tichet de autobuz? (d) Ei/ele merg cu mașina? (e) Tu/dumneata ești român? Dumneavoastră sunteți român? (f) Ei sunt studenți? (g) Tu/dumneata vrei un pahar cu vin? Dumneavoastră vreți un pahar cu vin? (h) Dumneavoastră vorbiți românește? (i) El merge la farmacie? (j) Tu/dumneata iei autobuzul? Dumneavoastră luați autobuzul? **8** Check the forms of the verbs in Explicații on page 32.

Unit 5

1 (a) 8am and 8pm (b) 8 (c) between 9 and 12 (d) 8.15 **2** False a, b, g; True c, d, e, f **3** 7.45, 7.25, 1.30, 2.15, 3,10, 11.40 **4** (a) vorbește (b) știu (c) lucrează (d) întrebați (e) iei (f) lucrați (g) știu (h) dorim (i) vedeți (j) mergem (k) lucrez (l) vorbesc **5** E închis între opt și șase. **6** (i) e; (ii) d; (iii) a; (iv) f; (v) b; (vi) c. **7** (a) bun/obositor (b) bună/mare/mică dulce (c) buni/mari/mici/obositori (d) bune/mari mici (e) bun/sec/dulce (f) mică/bună/obositoare **8** (a) Asta costă două sute șaizeci și cinci de mii. (b) Între București și Pitești sunt o sută de kilometri. (c) George are un milion nouă sute de mii de lei. (d) Ion lucrează patruzeci de ore. (e) Mașina costă șaisprezece milioane de lei. (f) Am nevoie de opt sute treizeci și cinci de mii de lei.

Unit 6

1 20, 34, 46, 52, 66, 89, 91, 99, 100 **2** (a) Ce doriți? (b) Aveți aspirine? (c) Cât costă asta? (d) Cum vă numiți? (e) Sunteți români? (f) Câți copii aveți? (g) Cât timp stați aici? (h) De unde liau tichete? (i) Cu ce mergeți? **3** Douăsprezece și un sfert, șaptesprezece și patruzeci și cinci, treisprezece treizeci, paisprezece și cincizeci, douăzeci și douăzeci, douăzeci și două. **5** Cum merg spre o farmacie, spre o stație de metrou, spre un hotel, spre o alimentară? **6** (Spre o farmacie) mergeți până la intersecție, apoi la stânga. (Spre un hotel) mergeți până la intersecție, apoi la dreapta. (Spre o stație de metrou) mergeți până la intersecție. Acolo este o stație de metrou. (Spre o alimentară) mergeți drept înainte, apoi la dreapta. **7** My name is John Smith. I am English. I am married and have two children, a girl and a boy. I don't speak Romanian well. I am staying in Romania for two or three weeks. What is your name? Do you have any children? **8** De unde luăm un autobuz spre gară, vă rog? Avem nevoie de tichete de autobuz. De unde luăm tichete? Nu avem timp să stăm la coadă. Putem merge pe jos? În cât

timp suntem la gară dacă mergem pe jos? **9** (a) câți (b) unde (c) când (d) cât (e) câte **10** (a) vorbesc (b) sunt (c) merg (d) Da, știu (e) Da, lucrez (f) văd (g) vreau (h) am **11** (a) nu stau mult (b) nu costă 200 de lei (c) nu am copii (d) nu merg cu autobuzul (e) nu am un telefon (f) nu iau tichete de la chioșc (g) nu mă numesc Ion (h) nu lucrez până la ora 6

Unit 7

1 (a) Because it is expensive, it is not in the centre, the lift doesn't work and neither does his shower. (b) Speak to the receptionist to have the lift and shower repaired. (c) Moving to a flat. (d) In the small ads in a newspaper. **2** False a, b, e; True c, d **3** (a) biletul, (b) sticla, (c) taxiul, (d) câinele, (e) cofetăriile, (f) cafelele, (g) leii, (h) dușurile, (i) mașinile, (j) domnul **4** (a) muntele, (b) centrul, (c) cofetăria, (d) englezul, (e) orașul, (f) autobuzul, (g) apartamentul, (h) strada, (i) hotelul, (j) agenția **5** (a) We must find a flat and a car to rent. (b) It's too warm for us to go on foot. (c) They don't want to stay at the hotel any longer and want to find a flat. (d) The lift and shower aren't working and we must speak with the receptionist. (e) Where can I park the car? (f) Does the house have a garage? (g) The hotel is too expensive. (h) I want to ask for the lift to be repaired. **6** (a) stea (b) găsească (c) închiriezi (d) ia (e) fie (f) reparați (g) mergeți (h) cumpărăm **7** (a) Have you got time to repair the lift as well? (b) Are you going to continue on foot? (c) He too is coming to the hotel. (d) They still don't speak English well. (e) I can't queue for tickets any longer. (f) Do you also want to look at the small ads? (g) Do you want another cup of coffee? (h) Do you still want to go there? **8** (a) Pot merge cu tine/dumneavoastră. (b) Ei/ele pot lucra între opt jumate dimineața și trei după-amiaza. (c) Putem vorbi cu el. (d) Poți/puteți lua autobuzul de la hotel. (e) El poate întreba unde este o stație de taxi. (f) Poți/puteți sta la hotel. **9** (a) mă, (b) te, (c) ne, (d) vă, (e) se, (f) se, (g) mă **10** (a) Unde este restaurantul? (b) Unde este magazinul? (c) Unde este berăria? (d) Unde este farmacia? (e) Unde este stația de metrou? (f) Unde este hotelul? (g) Unde este ziarul? (h) Unde este taxiul?

Unit 8

1 (a) (iii) (b) (ii) (c) (iii) (d) (iii) **2** (a) unui bilet, (b) unui taxi, (c) unei gări, (d) unei plimbări, (e) unei cofetării, (f) unui telefon, (g) unui muzeu, (h) unei mașini, (i) unei cafele, (j) unei scrisori **3** (a) unor englezi, (b) unei mări, (c) unei săptămâni, (d) unei luni, (e) unui partener, (f) unor prieteni, (g) unei cărți, (h) unei zile, (i) unei ore, (j) unei studente **4** (a) He/she has to ask a friend to send some books to England. (b) I don't think I'll be free next week. (c) We'll be able to come with you to the seaside in August. (d) On Sunday I'll go to an exhibition. (e) Now he/she wants to make a telephone call to a girl friend. (f) In July we'll rent a car and we'll go to the seaside. (g) In three weeks time we'll go to the mountains. (h) Within a fortnight you will be in London. **5** (a) Ce trebuie să ceară unui prieten? (b) Crezi că o să fii liber săptămâna viitoare? (c) O să puteți veni cu noi la mare în august? (d) Ce o să faci duminică? (e) Ce vrea să facă acum? (f) Ce faceți în iulie? (g) Ce faceți peste trei săptămâni? (h) Când o să fiu a Londra? **6** (a) unor, (b) niște, unor, (c) o, unui, (d) o, unui, (e) unei, niște, (f) un, unei, (g) unei, o. **7** (a) unui, (b) unor, (c) unui, (d) unei/unor, (e) unor, (f) unei, (g) unei **8** (a) o să dau, (b) o să faceți, (c) o să de ducă, (d) o să fie, (e) o să stați, o să veniți, (f) o să fiți, (g) o să am, (h) o să luăm. **9** (a) Peste o săptămână o să merg la Paris. (b) George o să vină la București săptămâna viitoare. (c) Mâine după-amiază o să cumpărăm o mașină. (d) Deseară o să vedem un film. (e) Trimite cărți unor colegi de două ori pe an. (f) Sâmbăta scriu scrisori unor prieteni din Anglia.

Unit 9

1 (a) (i), (b) (ii), (c) (ii), (d) (i), (ii), (e) (iii) **2** (a) a găsit, (b) a avut, (c) s-a trezit, a stat, (d) a trecut, (e) a uitat **3** (a) tău, (b) dumneavoastră, (c) nostru, (d) lor, (e) lui, (f) vostru, (g) noștri, (h) tale, (i) ei, (j) lui, (k) ei, (l) lor **4** (a) Last week I wanted to drop in on you to see if you had found a car to hire. (b) I think I'll have the opportunity to see a good film on the television. (c) Last Monday the lift was out of order. (d) My neighbours on the landing are very pleasant. (e) I woke up fairly late and so had to hurry to avoid being late at the office. **5** (a) s-, (b) s-, (c) te-, (d) ne, (e) vă, (f) te, te, (g) m- **6** (a) Unde am pus cheile tale? (b) Am descoperit cheile lui George pe măsuță. (c) Am vrut să trec să te văd. (d) Ai putut găsi un apartament de închiriat? (e) La ce oră te-ai trezit azi dimineață? **7** (a) întors, (b) grăbit, trezit, (c) uitat, (d) trimis, (e) dat, (f) scris, (g) spus **8** (a) prietenei, (b) vecinilor, (c) apartamentului, (d) orașului, (e) lui, (f) studenților, (g) băiatului, (h) casei **9** (a) (ii) (b) (iii) (c) (i) (d) (vi) (e) (iv) (f) (v)

Unit 10

1 (a) George's son's birthday will be this month, on the 28th. (b) He will invite his friends. (c) his father (d) his friend **2** (a) aceastá, (b) acest, (c) aceste, (d) acești, (e) aceastá, (f) acestui, (g) acestor, (h) acestei, (i) acestor. **3** (a) acest (b) aceste (c) aceste (d) acest (e) acest (f) acești (g) aceste (h) acest (i) aceastá **4** (a) acel (b) acele (c) acele (d) acel (e) acel (f) acei (g) acele (h) acei (i) acea **5** (a) acesta, (b) aceasta, (c) aceștia, (d) acesteia, (e) acestuia, (f) aceștea. **6** (a) s-o, (b) să-l, (c) să-i, (d) să le, (e) să-l. **7** (a) Nu le-am făcut încă. Le vom face mâine. (b) Nu ne-au ajutat înca. Ne vor ajuta mâine. (c) Nu i-a văzut. Îi va vedea mâine. (d) N-am luat-o încă. O voi lua mâine. (e) Nu le-a întrebat încă. Le va întreba mâine. (f) Nu l-am căutat încă. Îl voi căuta mâine. (g) N-am spălat-o încă. O vom spăla mâine. (h) Nu l-au reparat. Îl vor repara mâine. (i) Nu l-am cumpărat încă; îl voi cumpăra mâine. (j) Nu le-a trimis încă; le va trimite mâine. (k) N-am luat-o încă; o voi lua mâine. **8** (a) mă, (b) îl, (c) le, (d) te, (e) vă, (f) o, (g) îi, (h) ne, (i) vă **9** (a) o să mă, (b) o să-l, (c) o să le, (d) o să te, (e) o să vă, (f) o s-o, (g) o să-i (h) o să ne, (i) o să vă **10** (a) -l, (b) îi, (c) -o, (d) i-, (e) -l

Unit 11

1 îți aduceai aminte, nu puteam uita, îl mai țineai minte, îți aminteai, aveam **2** (a) eram, admiram, (b) credeați, (c) aveau, voiau, (d) zâmbea, părea, (e) vedeam, spunea, (f) mergeați, luați, (g) credeam **3** (a) (ii), (b) (i), (iv), (c) (v), (d) (iii), (e) (vi), (f) (viii), (g) (vii). **4** (a) tot, (b) toți, (c) toate, (d) toată, (e) toată, (f) toate, (g) toți. **5** (a) mi-ai spus, (b) i-am dat, (c) v-ați amintit, (d) v-ați închipuit, (e) mi-am imaginat, (f) ți-ai amintit, ți-am spu, (g) i-am dat **6** (a) nu-mi spui, (b) îi dau, (c) vă amintiți, (d) vă închipuiți, (e) îmi imaginez, (f) îți amintești, îți spun, (g) îi dau. **7** (a) Nu, îi voi da telefon mai târziu. (b) Nu, le va scrie mai târziu. (c) Nu, îmi vei citi articolul mai târziu. (d) Nu, ne va trimite cartea mai târziu. (e) Nu, îți vom spune mai târziu. (f) Nu, le vom oferi florile mai târziu. (g) Nu, vă vom arăta mașina mai târziu. **8** (a) îi puteam da telefon (b) le putea scrie (c) îmi puteai citi (d) ne putea trimite (e) îți puteam spune (f) le puteam oferi (g) vă puteam arăta **9** (a) eu îmi imaginam, (b) noi ne închipuiam, (c) Dumneavoastră vă aminteați, (d) ele își închipuiau, (e) tu îți aduceai aminte **10** (a) îmi place berea, îți place berea, îi place berea, ne place berea, vă place berea, le place berea (b) nu-mi place aici, nu-ți place aici, nu-i place aici, nu ne place aici, nu vă place aici, nu le place aici (c) îmi plac dulciurile, îți plac dulciurile, îi plac dulciurile, ne plac dulciurile, vă plac dulciurile, le plac dulciurile. (d) nu-mi plac programele, nu-ți plac programele, nu-i plac programele, nu ne plac programele, nu vă plac programele, nu le plac programele.

Unit 12

1 (a) (i), (b) (iv), (c), (iii), (d) (ii) **2** (a) Mie mi-a plăcut, dar lui nu i-a plăcut. (b) Nouă ne place, dar ei nu-i place (c) Lor le place, dar nouă nu ne place. (d) Mie îmi place, dar ei nu-i place. (e) Lui îi plac, dar vouă nu vă plac. (f) Nouă ne place, dar ție nu-ți place. (g) Nouă ne-a plăcut, dar lor nu le-a plăcut. (h) Lui i-a plăcut, dar mie nu mi-a plăcut. (i) Mie îmi place, dar vouă nu vă place. **3** (a) Am vrea să călătorim. (b) Ar putea veni la timp. (c) Ați hoinări toată ziua. (d) Dacă ai avea bani, ai cumpăra acestă mașină. (e) M-aș duce să văd o expoziție. (f) Asta ar însemna că merge cu noi la mare. (g) Ai mânca numai la restaurant dacă ai avea bani. (h) Dacă n-ar munci, ar trăi pe spatele părinților. **4** (a) ar trebui, (b) și-ar închipui, (c) aș putea, (d) ați vrea, (e) aș da dacă aș ști, (f) ar alege, (g) am dori, (h) aș lua (i) ați mânca **5** (a) Mie mi-e foame. (b) Nouă ne e sete. (c) Ție ți-e frică. (d) Și mie și lui ne e cald. (e) Lor le e indiferent. (f) Vouă vă e frig. (g) Ei i-e somn. (h) Lor le e rău. (i) Mie mi-e dor. **6** (a) We ought to go by car, but we're afraid that we won't arrive on

time. (b) It would be a good idea if you could speak to them. (c) What would you say if you saw him? (d) You wouldn't be thirsty if you drank a beer. (e) It would suit us to travel by air. (f) You wouldn't spend the whole summer here. **7** (a) același (b) aceleași (c) aceleași, (d) aceleași, (e) aceleași, (f) acelși, (g) aceiași. **8** (a) Am fost la același hotel de două sau de trei ori. (b) Prietenii noștri călătoresc trei luni pe an. (c) Maria stă toată ziua cu nasul în cărți. (d) Acești copii au tot ce le trebuie. (e) Nu vă place să trăiți pe spatele cuiva. (f) Ion spune că dacă s-ar mai naște odată, ar duce aceeași viața. **9** (a) Mi-am găsit cheile pe masă. (b) Nu v-ați luat cărțile. (c) George ar trebui să-și termine cartea. (d) Vreți să vă închiriați apartamentul. (e) Va trebui să-ți trăiești viața. (f) Vor să-și bea vinul.

Unit 13

1 Prietenii noștri și-au cumpărat un apartament nou în care se vor muta luna viitoare. S-ar muta chiar acum, dar liftul nu merge încă iar apartmentul lor este la etajul zece. Credem că vom fi în oraș și-i vom putea ajuta să se mute. **2** Our friends have bought themselves a new flat into which they will move next month. They would move right now, but the lift doesn't work yet and their flat is on the tenth floor. We think that we'll be in town and that we'll be able to help them move. **3** (a) la, (b) într-, în, (c) pe, cu, (d) cu, cu, cu, (e) de la, peste, la **4** (a) Este copilul meu. (b) Sunt bagajele mele. (c) Sunt colegii mei. (d) Este camera mea. (e) Este mașina mea. (f) Sunt valizele mele. **5** (a) Le-am spus că... (b) I-ați dat telefon... (c) I-aș trimite niște cărți... (d) Le veți putea spune că vă mutați... (e) Îi scriam o scrisoare... (f) I-am cerut să... (g) I-ați dat bacșiș. **6** (a) m- (b) se (c) vă (d) ne (e) te (f) se (g) ne (h) vă **7** (a) O cumpărăm. (b) Îl vedem. (c) O să-l ia. (d) Au găsit-o. (e) Am citit-o. (f) Le-am pierdut. (g) Le-am găsit. (h) I-au luat. **8** (a) N-o cumpărăm (b) Nu-l vedem (c) N-o să-l ia (d) N-au găsit-o (e) N-am citit-o (f) Nu le-am pierdut (g) Nu le-am găsit (h) Nu i-au luat **9** (a) am face, (b) v-ați întoarce, (c) s-ar uita (d) mi-aș închipui, (e) i-ar plăcea, (f) ne-am duce **10** (a) voi face/ o să fac/ am să fac (b) vă veți intoarce / o să vă întoarceți/ aveți să vă întoarceți (c) se vor uita/ o să se uite/ au să se uite (d) îmi voi închipui/ o să-mi închipui/ am să-mi închipui (e) îi va plăcea/ o să-i placă/are să-i placă (f) ne vom duce/ o să ne ducem/ avem să ne ducem **11** (a) m-am trezit, o să mă trezesc, (b) ne-am sculat, o să ne sculăm, (c) v-ați gângit, o să vă gândiți. (d) și-a imaginat, o să-și imagineze, (e) s-a crezut, o să se creadă **12** (a) Lor le-am dat. (b) Pe voi/pe dumneavoastră v-am invitat la noi. (c) Ție ți-am cumpărat un ceas. (d) Lui/ei i-am cerut biletul meu. (e) Pe noi ne-a văzut la cinema. (f) Mie mi-au ândut casa. (g) Nu ți-a spus ție? (h) Pe ea am trimis-o la Paris.

căreia, (b) a cărui, (c) pe care, (d) pe care, (e) care, (f) căruia, (g) al cărui **9** (a) The lady you telephoned is a secretary. (b) This is the man whose suitcase you opened. (c) It is the very restaurant you are looking for. (d) The book which I am reading belongs to a colleague of mine. (e) The newspapers which are on the table are theirs. (f) This is the border guard to whom I gave the passport. (g) It's the hotel whose lift doesn't work. **10** (a) Este al meu. (b) Sunt ale mele. (c) Sunt ai mei. (d) Este a mea. (e) Este a mea. (f) Sunt ale mele.

Unit 14

1 Arătați-mi, vă rog, pașaportul.
Am nevoie de viza de intrare. N-am avut timp s-o iau la Londra.
Aveți ceva de declarat?
N-am nimic de declarat in afară de câteva cadouri.
Cât timp doriți să stați în România?
Numai cinci zile.
Călătoriți singur sau cu familia?
Sunt cu fiul meu. Acesta este pașaportul lui. Și lui îi trebuie viza de intrare.
2 Please show me (your) passport.
I need an entry visa. I didn't have time to get it in London.
Do you have anything to declare?
I haven't anything to declare apart from a few presents.
How long do you want to stay in Romania?
Only five days.
Are you travelling alone or with the family?
I am with my son. This is his passport. He too needs an entry visa.
3 (a) (ii), (b) (i), (c) (viii), (d) (x), (e) (v), (f) (vii), (g) (iv), (h) (ix), (i) (vi), (j) (iii) **4** (a) A cui este valiza? (b) Cine poate să ne ajute? (c) Cu cine călătorește copilul? (d) A cui este haina? (e) Al cui este pașaportul? (f) Cine are nevoie de viză de intrare? (g) Pe cine pot să întreb? **5** (a) Nu este al meu. (b) Nu este a mea. (c) Nu sunt ai ei. (d) Nu sunt ale mele. (e) Nu este a lui. (f) Nu sunt ale noastre. (g) Nu este al lor. (h) Nu sunt ai mei. **6** (a) al, (b) -ai, (c) -al, (d) a, (e) -ale, (f) ai, (g) a. **7** (a) Who is Mr Porter's colleague? (b) Which of them are you going to buy? (c) Which is your plane? (d) Which customs officer did you give the form to? (e) Which neighbour do these dogs belong to? (f) To which lady are you giving the books? (g) Which of them owns this passport? **8** (a)

Unit 15

1 George likes his comfort. He likes to go to the seaside, sit under an umbrella and read a book. He would like to get a gentle tan. **2** (a) The person coming towards us is Adrian. (b) Maria is the person you ought to ask about this. (c) You are the one who likes to sunbathe. (d) Victor and Maria are the persons I am telephoning. (e) You ask me where is the umbrella which George is sitting under? It is the red one, over there. (f) Good friends are those who help you in time of need. **3** (a) Este cea mai bună piesă. (b) Aceștia sînt cei mai inteligenți studenți. (c) Sunt prietenele mele cele mai bune. (d) Unde este cel mai bun restaurant? (e) În această librărie poți găsi cele mai bune și mai interesante cărți. (f) Radu se bronzează cel mai repede. (g) La mare ne simțim cel mai bine. (h) Este cel mai scump computer. **4** (a) În cel mai bun caz vor găsi două bilete chiar înainte de spectacol. (b) În cel mai rău caz ai putea merge cu taxiul. (c) Care este prietenul lui cel mai bun? (d) Acesta a fost cel mai greu examen. (e) Ei cred că aceste orașe sunt cele mai frumoase. (f) Este cel mai bun vin. (g) Voi sunteți prietenii noștri cei mai buni. **5** (a) (v), (b) (vi), (c) (vii), (d) (iv), (e) (ii), (f) (iii), (g) (i). **6** (a) a fost chemat, (b) a fost închiriat, (c) au fost ocupate, (d) a fost trimis, (e) am fost invitați, (f) au fost citite, (g) a fost scrisă **7** (a) George is summoned by the professor. (b) This flat is rented by Mr Georgescu. (c) The seats are taken by two ladies. (d) The parcel is sent by my husband. (e) We are invited to a party. (f) These books are read by all my friends. (g) The letter is written by this secretary. **8** (a) de făcut, (d) de citit, (c) scris, interzis, (d) scris, oprită, (e) de închiriat, (f) de știut, (g) de zis, de făcut (h) de văzut

Unit 16

2
P: You must go without fail to the doctor.
G: I don't like going to the doctor.
P: Even if you don't like it, you've got to see what's wrong with you.
G: But there's nothing wrong with me, I'm as fit as a fiddle.
P: Have you forgotton that you complained that you felt dizzy.
G: Oh yes! But what if I did?
P: You might have high blood pressure.
G: You Romanians, you're all doctors!
P: I know that I'm [estering you, but it's better to go to have your blood pressure taken, to have some injections done and...
G: And after that you'll say I'm a hypochondriac!

3 (a) unora, altora, (b) unii, alţii, (c) unul, altul, (d) uneia, alteia, (e) unele, altele, (f) unuia **4** (a) (iii), (b) (i), (c) (iv), (d) (ii), (e) (v), (f) (vi) **5** (a) fiecare, (b) fiecare, (c) fiecăruia, (d) amândoi, (e) amândouă, (f) amândoi **6** (a) spune, (b) dă, (c) citeşte, (d) ia, (e) du-te, (f) uită-te, (g) aminteşte **7** (a) nu spune, (b) nu da, (c) nu citi, (d) nu lua, (e) nu te duce, (f) nu te uita, (g) nu-i aminti **8** (a) spuneţi, (b) daţi, (c) citiţi, (d) luaţi, (e) duceţi-vă, (f) uitaţi-vă, (g) amintaţi-i **9** (a) Mă doare capul (b) Mă doare spatele (c) Mă ustură ochii (d) Mă doare un dinte (e) Mă dor picioarele (f) Mă doare în piept (g) Am temperatură (h) Mă doare în gât (i) Am nevoie de un calmant

Unti 17

2 (a) (i), (b) (iv), (c) (iii), (d) (v), (e) (vi), (f) (ii), (g) (i). **3** (a) How long have you known my son? (d) Did you retire some time ago? (c) How long have you been learning Latin? (d) How many weeks is it since they received a letter? (e) How long is it since you saw him? (f) How long have you been living in Paris? (g) Have you been a smoker for long? **4** Suggested answers: de mult, de puţin timp, de 5 ani, de 3 săptămâni, din 1980 etc. **5** (a) Înainte de a pleca la serviciu, am de gînd să dau câteva telefoane. (b) Radu n-a mai venit pe la noi după ce s-a întors din străinătate. (c) Mai treceţi pe la noi înainte de concediu. (d) Nu ne-am mai văzut de vreo cinci, şase ani, deci de când am terminat facultatea. (e) În ultimul timp n-am mai făcut nimic interesant. (f) Mi se

face dor de mare ori de cîte ori mă gândesc la concediu. **6** (a) Ce ai de gând să faci înainte de a pleca la serviciu? (b) De când n-a mai venit Radu pe la dvs.? (c) Când să mai trecem pe la voi? (d) De când nu v-aţi mai văzut? (e) Ce-aţi mai făcut în ultimul timp? (f) Când ţi se face dor de mare? **7** (a) The pupils go to school five days a week. (b) We are leaving for Romania a week today. (c) They go to the mountains three times a year. (d) You must have an injection every two days. (e) Radu's birthday in three weeks time. (f) We telephone him/ her from time to time. (g) Do you buy the newspaper each day? **8** (a) (i), (b) (iv), (c) (vi), (d) (vii), (e) (v), (f) (ii), (g) (iii) **9** (a) Who have you seen recently? (b) I met one of the men whom you introduced to me last week. (c) Which of them, the professor or the doctor? (d) I haven't had time to see anyone. (e) At one time I used to meet them all at parties. (f) Now I only meet those who live close to me. **10** (a) primul, (b) primîi, (c) prima, (d) primele, (e) primului, (f) primul **11** (a) They have read interesting books about the two world wars. (b) Many things have happened since the Second World War. (c) This is the tenth book he is writing. (d) The fifth course of treatment was the best. (e) I'm telling you the same thing for the hundredth time.

Unit 18

2 m-am întors, se zvoneşte, se pare, se scumpeşte, te miri, mă mir, se mai spune, se zice, se pare, s-a transmis, s-a scumpit, mă simt, se concentrază, se uită, uitîndu-se, te-ai mai văzut **3** (a) s-au vândut, (b) s-a transmis, (c) s-a terminat, (d) s-a trimis, (e) s-a băut, (f) s-au citit, (g) s-a terminat (h) s-au scumpit **4** (a) It's said that the price of cheese has gone up. (b) There is said to be a queue for meat. (c) It is rumoured that the price of eggs will fall. (d) It is believed that there will be a hard winter. (e) Summer, it is supposed, will be hot. (f) It is obvious that people are sad. **5** (a) ne întâlnim, ne întâlneam, ne-am întâlnit, (b) se văd, se vedeau, s-au văzut, (c) vă certaţi, vă certaţi, v-aţi certat, (d) se salută, se salutau, s-au salutat, (e) ne felicităm, ne felicitam, ne-am felicitat, (f) se bat, se băteau, s-au bătut **6** (a) We'll meet/we used to meet/we met on Ana's birthday. (b) They see/used to see/saw each other often when queueing. (c) There's no point/was no point in their arguing. (d) They greet/used to greet/greeted each other coolly. (e) We congratulate/used to congratulate/congratulated each other after each exam. (f) The supporters fight/used to fight/fought at the match. **7** (a) văzând, (d) fiind, (c) neavând, (d) venind, (e) deschizând, (f) scriind **8** (a) citindu-l, (b) văzându-l, (c) scriindu-le, (d) punând-o, (e) luând-o, (f) dându-i **9** (a) ducându-vă, (b) trezindu-se, (c) spălându-se, (d) dându-ne, (e) imaginându-ți, (f) amintindu-și **10** (a) As far as I know they left yesterday for Vienna. (b) The more you know, the more you realise how little you know. (c) It was so cold that they decided not to go to the sea. (d) He was as silly as he was ugly. (e) The programme is so poor that we'll have to turn off the TV. (f) As far as we're aware the price of petrol has increased.

Unit 19

2 False a, d, e; True b, c **3** (a) fusese, (b) avuseseră/avusese, (c) schimbasere, (d) plecasem, (e) ne treziserăm, (f) crezuserăți **4** (a) I knew that he has been on holiday. (b) We were wondering what they had against us. (c) They changed some travellers' cheques. (d) I left without seeing if I had the cheque on me. (e) We woke up to the fact too late in order to find a bank open. (f) You thought that they had left without an umbrella. **5** False (i), (ii), (iv); True (iii), (v), (vi) **6** (a) My flat is above Petre's flat. (b) There is a superb garden around the house. (c) The swimming pool is at the back of the villa. (d) The lift is in front of the flat. (e) Their car is on the left of your car. (f) To the right of the hotel is a bank. **7** (a) lui, (b) ei, (c) lor, (d) noastră, (e) dumneavoastră, (f) ta **8** (a) să vrea, să fi vrut, (b) să vin, (c) să plecăm, (d) făcând, (e) întors, (f) dus **9** (a) George might want/have wanted to change some dollars. (b) I might come with you. (c) We might leave by plane. (d) What can George be doing now? (e) They might have returned from France last week. (f) They might have gone to the doctor yesterday.

Unit 20

1 (a) 718.23.25. (b) 3 times. (c) Rang Directory Enquiries. (d) Because it was not in the telephone directory. (e) Because he says he must become clairvoyant. **2** (a) 3,

(b) prima, (c) a treia, (d) Ştefan cel Mare şi Iancului. **3** (a) 0500, (b) 2100, (c) 18, (d) 45 minutes, (e) none **4** (a) The take-off and landing times. (b) Check these times; (a) Special fares, (b) 12, (c) 90 per cent reduction in the fare, (d) They must not occupy a seat and must be accompanied by an adult. **5** (a) blonzi, (b) mare, (c) interesante, (d) folositoare, (e) englezeşti, (f) veche, nouă, (g) înalţi (h) frumoasă **6** (a) India, (b) înotul, (c) Mexico City, (d) Canary Tower, (e) China **7** (a) aţi avea, aş putea (b) aş avea, aş trece (c) v-aţi duce, v-ar invita (d) s-ar muta, ar găsi (e) aş fi obligat, aş sta (f) i-aţi aflaș (g) telefona, aş afla, am pleca (h) mi-aţi da, i-aş scrie. **8** (a) aţi fi vrut, aş fi putut/voiaţi, puteam, (b) aş fi avut, aş fi trecut/ aveam, treceam, (c) v-aţi fi dus, v-ar fi invitat/ vă duceaţi, vă invitau, (d) s-ar fi mutat, ar fi găsit/ se mutau, găseau, (e) aş fi stat, aş fi stat/ eram, stăteam, (f) i-aş fi telefonat, aş fi aflat/ îl telefonam, aflam. (g) ar fi fost, am fi plecat/era, plecam (h) mi-aţi fi dat, i-aş fi scris/înui dădeaţi îi scriam **9** (a) s-au, (b) m-am, (c) ne-am, (d) v-aţi, (e) te-ai, (f) v-aţi **10** (a) ne întâlneam, (b) vă salutaţi, (c) îşi imaginau, eraţi, (d) ne dădeam, aveam, (e) îţi aminteai, (f) se vedeau, (g) se certau **11** (a) mi, (b) i, (c) ni, (d) vi, (e) li, (f) li, (g) ţi, (h) vi **12** (a) Nu i-l da! (b) Nu i-o citi! (c) N-o luaţi! (d) Nu-i credeţi! (e) Nu i le transmite! (f) Nu mi-o spune! (g) Nu i le duce! (h) Nu mi-l trimiteţi! **13** (a) anunţat i,(b) obligaţi, (c) invitată, (d) treziţi, (e) schimbate, (f) trimise, (g) pusă (h) transmise. **14** (a) One hears that public transport will go up. (b) It was believed that the government would change. (c) It's clear that nothing has changed. (d) It seems that there will be a change in her life. (e) It's rumoured that it will be a splendid show. (f) It's said to be a beautiful painting. **15** (a) ale, (b) a, (c) -al, (d) -a, (e) ai, (f) ale, (g) al (h) ale. **16** (a) a cincea, (b) a treia, (c) cel de-al doilea, (d) primul, (e) prima, (f) a doua, (g) al patrulea, (h) al optulea

——— VERB TABLES ———

Note carefully:

(1) The *Infinitives* are listed in alphabetical order, together with their central meanings.

(2) The *Present Indicative* is given in full. Where a single form appears it is either the third person singular (e.g. *plouă*) or the sole form used for each person (e.g. *trebuie*). Where two forms appear, the first is the third person singular and the second is the third person plural.

(3) The second person plural positive and negative forms of the *Imperative* (*Imp.*) are identical to the corresponding present indicative forms (e.g. *spuneți, nu spuneți*). The second person singular negative is identical in form to the infinitive (e.g. *nu spune*), with the same stress pattern but without the infinitive marker *a*. The second person singular positive is in most cases identical with either the second person or the third person singular form of the present indicative. In this list the usual (or more frequently occurring) form of the second person singular positive is given; remember that it is a singular and positive form only. Some verbs have no imperative form.

(4) Except in the case of *a fi*, the forms of the finite verbs in a *să*- clause differ from the present indicative in only one respect: the third person singular and plural employ an identical form which is regularly different from the form(s) used for thse persons in the present indicative. Thus the *Subjunctive* (*Subj.*) form given in this list is that used for the third person singular and plural.

(5) *The Past Participle* (*Pp.*) is used in the formation of the Perfect, the Conditional Past, the Subjunctive Past, and the Passive Voice. Many past participles are also used as adjectives.

(6) *Omissions.* You will notice that many verbs (of different roots) follow similar patterns in their conjugations. We have listed the forms in full, however, to facilitate learning. It is a simple matter to conjugate the few verbs we have left out, e.g. *a deveni* (conjugated in the same way as *a veni*), *a relua* (as *a lua*), *a închide* (as *a deschide*), *a apărea* (as *a părea*), and so on. Verbs are only given in their *Reflexive* form if this is the sole form introduced. Note that in many of the uses of the verbs an accusative or dative reflexive pronoun is required.

(7) *Stress* is indicated by italics.

a acoperi: acopăr, acoperi, acoperă, acoperim, acoperiți, acoperă
to cover   *Imp.* acoperă   *Subj.* să acopere   *Pp.* acoperit

a adăuga: adaug, adaugi, adaugă, adăugăm, adăugați, adaugă
to add   *Imp.* adaugă   *Subj.* să adauge   *Pp.* adăugat

a adresa: adresez, adresezi, adresează, adresăm adresați, adresează
to address   *Imp.* adresează   *Subj.* să adreseze   *Pp.* adresat

a aduce: aduc, aduci, aduce, aducem, aduceți, aduc
to bring   *Imp.* adu (adă)   *Subj.* să aducă   *Pp.* adus

a afla: aflu, afli, află, aflăm aflați, află
to hear   *Imp.* află   *Subj.* să afle   *Pp.* aflat

a ajunge: ajung, ajungi, ajunge, ajungem, ajungeți, ajung
to arrive   *Imp.* ajunge   *Subj.* să ajungă   *Pp.* ajuns

a ajuta: ajut, ajuți, ajută, ajutăm, ajutați, ajută
to help   *Imp.* ajută   *Subj.* să ajute   *Pp.* ajutat

a alege: aleg, alegi, alege, alegem, alegeți, aleg
to choose   *Imp.* alege   *Subj.* să aleagă   *Pp.* ales

a amenința: ameninț, ameninți, amenință, amenințăm, amenințați, amenință
to threaten   *Imp.* amenință   *Subj.* să amenințe   *Pp.* amenințat

a aminti: amintesc, amintești, amintește, amintim, amintiți, amintesc
to remind   *Imp.* amintește   *Subj.* să amintească   *Pp.* amintit

a anunța: anunț, anunți, anunță, anunțăm, anunțați, anunță
to announce   *Imp.* anunță   *Subj.* să anunțe   *Pp.* anunțat

a aplica: aplic, aplici, aplică, aplicăm, aplicați, aplică
to apply   *Imp.* aplică   *Subj.* să aplice   *Pp.* aplicat

a aprinde: aprind, aprinzi, aprinde, aprindem, aprindeți, aprind
to light   *Imp.* aprinde   *Subj.* să aprindă   *Pp.* aprins

a se apropia: mă apropii, te apropii, se apropie, ne apropiem, vă apropiați, se apropie
to approach   Imp. apropie-te   Subj. să se apropie   Pp. apropiat

a arăta: arăt, arăți, arată, arătăm, arătați, arată
to show   Imp. arată   Subj. să arate   Pp. arătat

a arunca: arunc, arunci, aruncă, aruncăm, aruncați, aruncă
to throw   Imp. aruncă   Subj. să arunce   Pp. aruncat

a asculta: ascult, asculți, ascultă, ascultăm, ascultați, ascultă
to listen   Imp. ascultă   Subj. să asculte   Pp. ascultat

a ascunde: ascund, ascunzi, ascunde, ascundem, ascundeți, ascund
to hide   Imp. ascunde   Subj. să ascundă   Pp. ascuns

a aștepta: aștept, aștepți, așteaptă, așteptăm, așteptați, așteaptă
to wait   Imp. așteaptă   Subj. să aștepte   Pp. așteptat

a atrage: atrag, atragi, atrage, atragem, atrageți, atrag
to attract   Imp. atrage   Subj. să atragă   Pp. atras

a auzi: aud, auzi, aude, auzim, auziți, aud
to hear   Imp. auzi   Subj. să audă   Pp. auzit

a avea: am, ai, are, avem, aveți, au
to have   Imp. ai   Subj. să aibă   Pp. avut

a bate: bat, bați, bate, batem, bateți, bat
to beat   Imp. bate   Subj. să bată   Pp. bătut

a bea: beau, bei, bea, bem, beți, beau
to drink   Imp. bea   Subj. să bea   Pp. băut

a se căsători: mă căsătoresc, te căsătorești, se căsătorește, ne căsătorim, vă căsătoriți, se căsătoresc
to marry   Imp. căsătorește-te   Subj. să se căsătorească   Pp. căsătorit

a căuta: caut, cauți, caută, căutăm, căutați, caută
to look for   Imp. caută   Subj. să caute   Pp. căutat

a cere: cer, ceri, cere, cerem, cereți, cer
to ask   *Imp.* cere   *Subj.* să ceară   *Pp.* cerut

a cheltui: cheltuiesc, cheltuiești, cheltuiește, cheltuim, cheltuiți, cheltuiesc
to spend   *Imp.* cheltuiește   *Subj.* să cheltuiască   *Pp.* cheltuit

a chema: chem, chemi, cheamă, chemăm, chemați, cheamă
to call   *Imp.* cheamă   *Subj.* să cheme   *Pp.* chemat

a circula: circul, circuli, circulă, circulăm, circulați, circulă
to circulate   *Imp.* circulă   *Subj.* să circule   *Pp.* circulat

a citi: citesc, citești, citește, citim, citiți, citesc
to read   *Imp.* citește   *Subj.* să citească   *Pp.* citit

a câștiga: câștig, câștigi, câștigă, câștigăm, câștigați, câștigă
to win   *Imp.* câștigă   *Subj.* să câștige   *Pp.* câstigat

a se coafa: mă coafez, te coafezi, se coafează, ne coafăm, vă coafați, se coafează
to do one's hair   *Imp.* coafează-te   *Subj.* să se coafeze   *Pp.* coafat

a coborî: cobor, cobori, coboară, coborîm, coborîți, coboară
to get off   *Imp.* coboară   *Subj.* să coboare   *Pp.* coborît

a constata: constat, constați, constata, constata, constatăm, constatați, constată
to find out   *Imp.* constata   *Subj.* să constate   *Pp.* constatat

a construi: construiesc, construiești, construiește, construim, construiți, construiesc
to construct   *Imp.* construiește   *Subj.* să construiască   *Pp.* construit

a continua: continui, continui, continuă, continuăm, continuați, continuă
to continue   *Imp.* continuă   *Subj.* să continue   *Pp.* continuat

a costa: costă
to cost   *Subj.* să coste   *Pp.* costat

a crede: cred, crezi, crede, credem, credeți, cred
to believe   *Imp.* crede   *Subj.* să creadă   *Pp.* crezut

a se culca: mă culc, te culci, se culcă, ne culcăm, vă culcați, se culcă
to go to bed   *Imp.* culcă-te   *Subj.* să se culce   *Pp.* culcat

a cumpăra: cumpăr, cumperi, cumpără, cumpărăm, cumpărați, cumpără
to buy   *Imp.* cumpără   *Subj.* să cumpere   *Pp.* cumpărat

a cunoaște: cunosc, cunoști, cunoaște, cunoaștem, cunoașteți, cunosc
to now   *Imp.* cunoaște   *Subj.* să cunoască   *Pp.* cunoscut

a curge: curge, curg
to flow   *Subj.* să curgă   *Pp.* curs

a da: dau, dai, dă, dăm dați, dau
to give   *Imp.* dă   *Subj.* să dea   *Pp.* dat

a depinde: depind, depinzi, depinde, depindem, depindeți, depind
to depend   *Imp.* depinde   *Subj.* să depindă   *Pp.* depins

a deschide: deschid, deschizi, deschide, deschidem, deschideți, deschid
to open   *Imp.* deschide   *Subj.* să deschidă   *Pp.* deschis

a despărți: despart, desparți, desparte, despărțim, despărțiți, despart
to separate   *Imp.* desparte   *Subj.* să despartă   *Pp.* despărțit

a dori: doresc, dorești, dorește, dorim, doriți, doresc
to wish   *Imp.* dorește   *Subj.* să dorească   *Pp.* dorit

a dormi: dorm, dormi, doarme, dormim, dormiți, dorm
to sleep   *Imp.* dormi   *Subj.* să doarmă   *Pp.* dormit

a duce: duc, duci, duce, ducem, duceți, duc
to take   *Imp.* du   *Subj.* să ducă   *Pp.* dus

a durea: doare, dor
to hurt   *Subj.* să doară   *Pp.* durut

a exista: exist, exiști, există, existăm, existați, există
to exist   *Subj.* să existe   *Pp.* existat

a face: fac, faci, face, facem, faceți, fac
to do   *Imp.* fă   *Subj.* să facă   *Pp.* făcut

a fi: sunt, ești, este, suntem, sunteți, sunt
to be   *Imp.* fii   *Subj.* să fiu, să fii, să fie, să fim, să fiți, să fie   *Pp.* fost

a folosi: folosesc, folosești, folosește, folosim, folosiți, folosesc
to use   *Imp.* folosește   *Subj.* să folosească   *Pp.* folosit

a forma: formez, formezi, formează, formăm, formați, formează
to form   *Imp.* formează   *Subj.* să formeze   *Pp.* format

a fuma: fumez, fumezi, fumează, fumăm, fumați, fumează
to smoke   *Imp.* fumează   *Subj.* să fumeze   *Pp.* fumat

a fura: fur, furi, fură, furăm, furați, fură
to steal   *Imp.* fură   *Subj.* să fure   *Pp.* furat

a găsi: găsesc, găsești, găsește, găsim, găsiți, găsesc
to find   *Imp.* găsește   *Subj.* să găsească   *Pp.* găsit

a ghici: ghicesc, ghicești, ghicește, ghicim, ghiciți, ghicesc
to guess   *Imp.* ghici   *Subj.* să ghicească   *Pp.* ghicit

a se gîndi: mă gîndesc, te gîndești, se gîndește, ne gîndim, vă gîndiți, se gîndesc
to think   *Imp.* gîndește-te   *Subj.* să se gîndească   *Pp.* gîndit

a se grăbi: mă grăbesc, te grăbești, se grăbește, ne grăbim, vă grăbiți, se grăbesc
to hurry   *Imp.* grăbește-te   *Subj.* să se grăbească   *Pp.* grăbit

a hotărî: hotărăsc, hotărăști, hotărăște, hotărîm, hotărîți, hotărăsc
to decide   *Imp.* hotărăște   *Subj.* să hotărască   *Pp.* hotărît

a ieși: ies, ieși, iese, ieșim, ieșiți, ies
to go out   *Imp.* ieși   *Subj.* să iasă   *Pp.* ieșit

a impresiona: impresionez, impresionezi, impresionează, impresionăm, impresionați, impresionează — *Subj.* să impresioneze — *Pp.* impresionat
to impress — *Imp.* impresionează

a intra: intru, intri, intră, intrăm, intrați, intră — *Subj.* să intre — *Pp.* intrat
to enter — *Imp.* intră

a invita: invit, inviți, invită, invităm, invitați, invită — *Subj.* să invite — *Pp.* invitat
to invite — *Imp.* invită

a iubi: iubesc, iubești, iubește, iubim, iubiți, iubesc — *Subj.* să iubească — *Pp.* iubit
to love — *Imp.* iubește

a izvorî: izvorăște, izvorăsc — *Subj.* să izvorască — *Pp.* izvorît
to rise

a îmbogăți: îmbogățesc, îmbogățești, îmbogățește, îmbogățim, îmbogățiți, îmbogățesc — *Subj.* să îmbogățim, îmbogățiți, îmbogățesc — *Pp.* îmbogățit
to enrich — *Imp.* îmbogățește

a se îmbolnăvi: mă îmbolnăvesc, te îmbolnăvești, se îmbolnăvește, ne îmbolnăvim, vă îmbolnăviți, se îmbolnăvesc — *Subj.* să se îmbolnăvească — *Pp.* îmbolnăvit
to get ill — *Imp.* îmbolnăvește-te

a se îmbrăca: mă îmbrac, te îmbraci, se îmbracă, ne îmbrăcăm, vă îmbrăcați, se îmbracă — *Subj.* să se îmbrace — *Pp.* îmbrăcat
to dress — *Imp.* îmbracă-te

a se îmbrățișa: ne îmbrățișăm, vă îmbrățișați, se îmbrățișează — *Subj.* să se îmbrățișeze — *Pp.* îmbrățișat
to hug each other

a înălța: înalț, înalți, înalță, înălțăm, înălțați, înalță — *Subj.* să înalțe — *Pp.* înălțat
to raise — *Imp.* înalță

a încălzi: încălzesc, încălzești, încălzește, încălzim, încălziți, încălzesc — *Subj.* să încălzească — *Pp.* încălzit
to warm — *Imp.* încălzește

a începe: încep, începi, începe, începem, începeți, încep — *Subj.* să înceapă — *Pp.* început
to begin — *Imp.* începe

a încerca: încerc, încerci, încearcă, încercăm, încercați, încearcă — *Subj.* să încerce — *Pp.* încercat
to try — *Imp.* încearcă

a încurca: încurc, încurci, încurcă, încurcăm, încurcați, încurcă
to mix up   *Imp.* încurcă   *Subj.* să încurce   *Pp.* încurcat

a îndrăzni: îndrăznesc, îndrăznești, îndrăznește, îndrăznim, îndrăzniți, îndrăznesc
to dare   *Imp.* îndrăznește   *Subj.* să îndrăznească   *Pp.* îndrăznit

a îngriji: îngrijesc, îngrijești, îngrijește, îngrijim, îngrijiți, îngrijesc
to look after   *Imp.* îngrijește   *Subj.* să îngrijească   *Pp.* îngrijit

a înota: înot, înoți, înoată, înotăm, înotați, înoată
to swim   *Imp.* înoată   *Subj.* să înoate   *Pp.* înotat

a însemna: însemn, însemni, înseamnă, însemnăm, însemnați, înseamnă
to mean   *Imp.* înseamnă   *Subj.* să însemne   *Pp.* însemnat

a înștiința: înștiințez, înștiințezi, înștiințează, înștiințăm, înștiințați, înștiințează
to inform   *Imp.* înștiințează   *Subj.* să înștiințeze   *Pp.* înștiințat

a se întîmpla: se întîmplă
to occur   *Subj.* să se întîmple   *Pp.* întîmplit

a se întâlni: mă întâlnesc, te întâlnești, se întâlnește, ne întâlnim, vă întâlniți, se întâlnesc
to meet   *Imp.* întâlnește-te   *Subj.* să se întâlnească   *Pp.* întâlnit

a întoarce: întorc, întorci, întoarce, întoarcem, întoareți, întorc
to return   *Imp.* întoarce   *Subj.* să întoarcă   *Pp.* întors

a întreba: întreb, întrebi, întreabă, întrebăm, întrebați, întreabă
to ask   *Imp.* întreabă   *Subj.* să întrebe   *Pp.* întrebat

a înțelege: înțeleg, înțelegi, înțelege, înțelegem, înțelegeți, înțeleg
to understand   *Imp.* înțelege   *Subj.* să înțeleagă   *Pp.* înțeles

a învăța: învăț, înveți, învață, învățăm, învățați, învață
to learn   *Imp.* învață   *Subj.* să învețe   *Pp.* învățat

a învinge: înving, învingi, învinge, învingem, învingeți, înving
to defeat   *Imp.* învinge   *Subj.* să învingă   *Pp.* învins

a juca: joc, joc, joacă, jucăm, jucați, joacă
to play
Imp. joacă   *Subj.* să joace   *Pp.* jucat

a lăsa: las, lași, lasă, lăsăm, lăsați, lasă
to leave
Imp. lasă   *Subj.* să lase   *Pp.* lăsat

a lipsi: lipsesc, lipsești, lipsește, lipsim, lipsiți, lipsesc
to be missed
Imp. lipsește   *Subj.* să lipsească   *Pp.* lipsit

a locui: locuiesc, locuiești, locuiește, locuim, locuiți, locuiesc
to live
Imp. locuiește   *Subj.* să locuiască   *Pp.* locuit

a lua: iau, iei, ia, luăm, luați, iau
to take
Imp. ia   *Subj.* să ia   *Pp.* luat

a lucra: lucrez, lucrezi, lucrează, lucrăm, lucrați, lucrează
to work
Imp. lucrează   *Subj.* să lucreze   *Pp.* lucrat

a lupta: lupt, lupți, luptă, luptăm, luptați, luptă
to fight
Imp. luptă   *Subj.* să lupte   *Pp.* luptat

a menționa: menționez, menționezi, menționează, menționăm, menționați, menționează
to mention
Imp. menționează   *Subj.* să menționeze   *Pp.* menționat

a merge: merg, mergi, merge, mergem, mergeți, merg
to go
Imp. mergi   *Subj.* să meargă   *Pp.* mers

a merita: merit, meriți, merită, meritcăm, meritați, merită
to be worth
Imp. merită   *Subj.* să merite   *Pp.* meritat

a mulțumi: mulțumesc, mulțumești, mulțumește, mulțumim, mulțumiți, mulțumesc
to thank
Imp. mulțumește   *Subj.* să mulțumească   *Pp.* mulțumit

a muri: mor, mori, moare, murim, muriți, mor
to die
Imp. mori   *Subj.* să moară   *Pp.* murit

a ninge: ninge
to snow
                Subj. să ningă   *Pp.* nins

a nota: notez, notezi, notează, notăm, notați, notează
to note
              Imp. notează   *Subj.* să noteze   *Pp.* notat

a număra: număr, numeri, numără, numărăm, numărați, numără
to count
              Imp. numără   *Subj.* să numere   *Pp.* numărat

a oferi: ofer, oferi, oferă, oferim, oferiți, oferă
to offer
              Imp. oferă   *Subj.* să ofere   *Pp.* oferit

a omite: omit, omiți, omite, omitem, omiteți, omit
to omit
              Imp. omite   *Subj.* să omită   *Pp.* omis

a opri: opresc, oprești, oprește, oprim, opriți, opresc
to stop
              Imp. oprește   *Subj.* să oprească   *Pp.* oprit

a parca: parchez, parchezi, parchează, parcăm, parcați, parchează
to park
              Imp. parchează   *Subj.* să parcheze   *Pp.* parcat

a părea: par, pari, pare, părem, păreți, par
to seem
              Imp. pari   *Subj.* să pară   *Pp.* părut

a petrece: petrec, petreci, petrece, petrecem, petreceți, petrec
to spend
              Imp. petrece   *Subj.* să petreacă   *Pp.* petrecut

a pierde: pierd, pierzi, pierde, pierdem, pierdeți, pierd
to lose
              Imp. pierde   *Subj.* să piardă   *Pp.* pierdut

a plăcea: plac, placi, place, plăcem, plăceți, plac
to like
              Subj. să placă   *Pp.* plăcut

a plăti: plătesc, plătești, plătește, plătim, plătiți, plătesc
to pay
              Imp. plătește   *Subj.* să plătească   *Pp.* plătit

a pleca: plec, pleci, pleacă, plecăm, plecați, pleacă
to leave
              Imp. pleacă   *Subj.* să plece   *Pp.* plecat

a se plimba: mă plimb, te plimbi, se plimbă, ne plimbăm, vă plimbați, se plimbă *Imp.* plimbă-te *Subj.* să se plimbe *Pp.* plimbat
to walk

a ploua: plouă *Subj.* să plouă *Pp.* plouat
to rain

a porni: pornesc, pornești, pornește, pornim, porniți, pornesc *Imp.* pornește *Subj.* să pornească *Pp.* pornit
to start

a povesti: povestesc, povestești, povestește, povestim, povestiți, povestesc *Imp.* povestește *Subj.* să povestească *Pp.* povestit
to tell

a prefera: prefer, preferi, preferă, preferăm, preferați, preferă *Subj.* să prefere *Pp.* preferat
to prefer

a pregăti: pregătesc, pregătești, pregătește, pregătim, pregătiți, pregătesc *Imp.* pregătește *Subj.* să pregătească *Pp.* pregătit
to prepare

a primi: primesc, primești, primește, primim, primiți, primesc *Imp.* primește *Subj.* să primească *Pp.* primit
to receive

a privi: privesc, privești, privește, privim, priviți, privesc *Imp.* privește *Subj.* să privească *Pp.* privit
to look

a promite: promit, promiți, promite, promitem, promiteți, promit *Imp.* promite *Subj.* să promită *Pp.* promis
to promise

a pune: pun, pui, pune, punem, puneți, pun *Imp.* pune *Subj.* să pună *Pp.* pus
to put

a putea: pot, poți, poate, putem, puteți, pot *Subj.* să poată *Pp.* putut
can

a se rade: mă rad, te razi, se rade, ne radem, vă radeți, se rad *Imp.* rade-te *Subj.* să se radă *Pp.* ras
to shave

a răci: răcesc, răcești, răcește, răcim, răciți, răcesc *Imp.* răcește *Subj.* să răcească *Pp.* răcit
to catch cold

a rămîne: rămîn, rămîi, rămîne, rămînem, rămîneţi, rămîn
to remain   *Imp.* rămîi   *Subj.* să rămînă   *Pp.* rămas

a răsări: răsari, răsari, răsare, răsărim, răsăriţi, răsar
to rise   *Imp.* răsari   *Subj.* să răsară   *Pp.* răsărit

a răsfoi: răsfoiesc, răsfoieşti, răsfoieşte, răsfoim, răsfoiţi, răsfoiesc
to skim (through)   *Imp.* răsfoieşte   *Subj.* să răsfoiască   *Pp.* răsfoit

a răspunde: răspund, răspunzi, răspunde, răspundem, răspundeţi, răspund
to answer   *Imp.* răspunde   *Subj.* să răspundă   *Pp.* răspuns

a repara: repar, repari, repară, reparăm, reparaţi, repară
to repair   *Imp.* repară   *Subj.* să repare   *Pp.* reparat

a reuşi: reuşesc, reuşeşti, reuşeşte, reuşim, reuşiţi, reuşesc
to succeed   *Imp.* reuşeşte   *Subj.* să reuşească   *Pp.* reuşit

a rezerva: rezerv, rezervi, rezervă, rezervăm, rezervaţi, rezervă
to reserve   *Imp.* rezervă   *Subj.* să rezerve   *Pp.* rezervat

a rîde: rîd, rîzi, rîde, rîdem, rîdeţi, rîd
to laugh   *Imp.* rîzi   *Subj.* să rîdă   *Pp.* rîs

a ruga: rog, rogi, roagă, rugăm, rugaţi, roagă
to ask   *Imp.* roagă   *Subj.* să roage   *Pp.* rugat

a sări: sar, sari, sare, sărim, săriţi, sar
to jump   *Imp.* sari   *Subj.* să sară   *Pp.* sărit

săruta: sărut, săruţi, sărută, sărutăm, sărutaţi, sărută
to kiss   *Imp.* sărută   *Subj.* să sărute   *Pp.* sărutat

a se sătura: mă satur, te saturi, se satură, ne săturăm, vă săturaţi, se satură
to have enough   *Imp.* satură-te   *Subj.* să se sature   *Pp.* săturat

a schimba: schimb, schimbi, schimbă schimbăm, schimbați, schimbă *to change*		Imp. schimbă	Subj. să schimbe	Pp. schimbat
a scrie: scriu, scrii, scrie, scriem, scrieți, scriu *to write*		Imp. scrie	Subj. să scrie	Pp. scris
a se scula: mă scol, te scoli, se scoală, ne sculăm, vă sculați, se scoală *to get up*		Imp. scoală-te	Subj. să se scoale	Pp. sculat
a servi: servesc, servești, servește, servim, serviți, servesc *to serve*		Imp. servește	Subj. să servească	Pp. servit
a sfârși: sfârșesc, sfârșești, sfârșește, sfârșim, sfârșiți, sfârșesc *to end*		Imp. sfârșește	Subj. să sfârșească	Pp. sfârșit
a se simți: mă simt, te simți, se simte, ne simțim, vă simțiți, se simt *to feel*		Imp. simte-te	Subj. să se simtă	Pp. simțit
a sosi: sosesc, sosești, sosește, sosim, sosiți, sosesc *to arrive*			Subj. să sosească	Pp. sosit
a spăla: spăl, speli, spală, spălăm, spălați, spală *to wash*		Imp. spală	Subj. să spele	Pp. spălat
a spera: sper, speri, speră, sperăm, sperați, speră *to hope*		Imp. speră	Subj. să spere	Pp. sperat
a speria: sperii, sperii, sperie, speriem, speriați, sperie *to frighten*		Imp. sperie	Subj. să sperie	Pp. speriat
a spune: spun, spui, spune, spunem, spuneți, spun *to say*		Imp. spune	Subj. să spună	Pp. spus
a sta: stau, stai, stă, stăm, stați, stau *to stand*		Imp. stai	Subj. să stea	Pp. stat

a stinge: sting, stingi, stinge, stingem, stingeți, sting
to put out
Imp. stinge — Subj. să stingă — Pp. stins

a strica: stric, strici, strică, stricăm, stricați, strică
to break
Imp. strică — Subj. să strice — Pp. stricat

a suna: sun, suni, sună, sunăm, sunați, sună
to ring
Imp. sună — Subj. să sune — Pp. sunat

a ști: știu, știi, știe, știm, știți, știu
to know
Imp. știu — Subj. să știe — Pp. știut

a tăia: tai, tai, taie, tăiem, tăiați, taie
to cut
Imp. taie — Subj. să taie — Pp. tăiat

a telefona: telefonez, telefonezi, telefonează, telefonăm, telefonați, telefonează
to telephone
Imp. telefonează — Subj. să telefoneze — Pp. telefonat

a termina: termin, termini, termină, terminăm, terminați, termină
to end
Imp. termină — Subj. să termine — Pp. terminat

a trăi: trăiesc, trăiești, trăiește, trăim, trăiți, trăiesc
to live
Imp. trăiește — Subj. să trăiască — Pp. trăit

a trebui: trebuie
must
Subj. să trebuiască — Pp. trebuit

a trece: trec, treci, trece, trecem, treceți, trec
to pass
Imp. treci — Subj. să treacă — Pp. trecut

a trezi: trezesc, trezești, trezește, trezim, treziți, trezesc
to wake
Imp. trezește — Subj. să trezească — Pp. trezit

a trimite: trimit, trimiți, trimite, trimitem, trimiteți, trimit
to send
Imp. trimite — Subj. să trimită — Pp. trimis

a se tunde: mă tund, te tunzi, se tunde, ne tundem, vă tundeți, se tund
to have a haircut   *Imp.* tunde-te   *Subj.* să se tundă   *Pp.* tuns

a ține: țin, ții, ține, ținem, țineți, țin
to hold   *Imp.* ține   *Subj.* să țină   *Pp.* ținut

a uita: uit, uiți, uită, uităm, uitați, uită
to forget   *Imp.* uită   *Subj.* să uite   *Pp.* uitat

a se urca: mă urc, te urci, se urcă, ne urcăm, vă urcați, se urcă
to climb up   *Imp.* urcă-te   *Subj.* să se urce   *Pp.* urcat

a usca: usuc, usuci, usucă, uscăm, uscați, usucă
to dry   *Imp.* usucă   *Subj.* să usuce   *Pp.* uscat

a se vărsa: se varsă
to flow   *Subj.* să se verse   *Pp.* vărsat

a vedea: văd, vezi, vede, vedem, vedeți, văd
to see   *Imp.* vezi   *Subj.* să vadă   *Pp.* văzut

a veni: vin, vii, vine, venim, veniți, vin
to come   *Imp.* vino   *Subj.* să vină   *Pp.* venit

a vizita: vizitez, vizitezi, vizitează, vizităm, vizitați, vizitează
to visit   *Imp.* vizitează   *Subj.* să viziteze   *Pp.* vizitat

a vopsi: vopsesc, vopsești, vopsește, vopsim, vopsiți, vopsesc
to paint   *Imp.* vopsește   *Subj.* să vopsească   *Pp.* vopsit

a vorbi: vorbesc, vorbești, vorbește, vorbim, vorbiți, vorbesc
to speak   *Imp.* vorbește   *Subj.* să vorbească   *Pp.* vorbit

a vota: votez, votezi, votează, votăm, votați, votează
to vote   *Imp.* votează   *Subj.* să voteze   *Pp.* votat

a vrea: vreau, vrei, vrea, vrem, vreţi, vor
to want

Subj. să vrea /vrea/   *Pp.* vrut

a zice: zic, zici, zice, zicem, ziceţi, zic
to say   *Imp.* zi

Subj. să zică   *Pp.* zis

ROMANIAN–ENGLISH VOCABULARY

This list is largely composed of words introduced in the units; some new items have been added. The genders of nouns are given; the plurals are only indicated in cases where they do not conform to the rules explained in the units; only the masculine forms of adjectives are given. Verbs are presented in their infinitive forms, with the present tense ending in -ez, -esc where relevant. Those that may be used both reflexively and non-reflexively are given with *se*.

abonament, -e (n)   *subscription*
ac, -e (n)   *needle*
acelaşi   *the same*
acolo   *over there*
act, -e (n)   *document*
acţionar (m)   *shareholder*
acţiune (f)   *share*
acum   *now*
a acuza   *to accuse*
acuzat   *accused*
adevăr, -uri (n)   *truth*
adresă (f)   *address*
aer (n)   *air*
aeroport, -uri (n)   *airport*
afacere (f)   *business*
a afla   *to find out*
agenţie (f)   *agency*
aici   *here*
a ajunge   *to reach*
a ajuta   *to help*
a alege   *to choose*
alimentară (f)   *food shop*
amabil   *nice*
ambasadă (f)   *embassy*
american (m)   *American*
a-îi aminiti (esc)   *to recall*
amândoi (m)   *both*
an (m)   *year*
antinevralgic,   -e   (n)   *paracetomol tablet*

anumit   *certain*
anunţ, -uri (n)   *advertisement*
aparat de fotografiat (n)   *camera*
aparat de ras (n)   *razor*
apă potabilă (f)   *drinking water*
apartament, -e (n)   *flat*
apoi   *then*
aproape   *almost*
a se apropia   *to draw near*
apropiat   *nearby*
a arăta   *to show*
a arde   *to burn*
a arunca   *to throw*
aseară   *last night*
asigurare (f)   *insurance*
aspirină (f)   *aspirin*
aşa   *thus*
a aştepta   *to wait for*
atunci   *then*
autobuz, -e (n)   *bus*
a auzi   *to hear*
a avea   *to have*
avere (f)   *wealth*
avion   *airplane*
azi   *today*

bacşiş, -uri (n)   *tip*
bagaj, -e (n)   *baggage*
baie, băi (f)   *bath*
balcon, -oane (n)   *balcony*

banc, -uri (n) *joke*
bancă, bănci (f) *bank*
bani (m. pl.) *money*
bar, -uri (n) *bar*
a bate *to beat*
băiat, băieți (m) *boy, son*
a bănui, (esc) *to suspect*
bărbat (m) *man*
bătrân *old*
băutură (f) *drink*
benzină (f) *petrol*
bere (f) *beer*
bilet, -e *ticket*
bineînțeles *naturally*
birou (n) *office*
biserică (f) *church*
blond *fair*
boală, boli (f) *illness*
bogat *rich*
bolnav *sick*
borcan, -e (n) *jar*
briceag, -uri (n) *penknife*
brânză, brânzeturi (n) *cheese*
a se bronza (ez) *to get a tan*

ca *than*
cafea (f) *coffee*
cafenea (f) *coffee house*
cald *warm*
cale ferată *railway*
calitate (f) *quality*
cam *rather*
cameră (f) *room*
cap, capete (n) *head*
captivant *exciting*
care *which, who*
carne (f) *meat*
carnet, -e (n) *notebook*
carte, cărți (f) *book*
cartier, -e (n) *district*
casă (f) *house*
cascador (m) *stuntman*
călător (m) *traveller*
a călători (esc) *to travel*
călătorie (f) *journey*
cămașă, cămăși (f) *shirt*
cărunt *grey*
a se căsători (esc) *to get married*

căsătorit *married*
a căsca *to yawn*
a căuta *to look for*
ceai, -uri (n) *tea*
ceas, -uri (n) *watch*
cec, -uri (n) *cheque*
celebru *famous*
centru, -e (n) *centre*
a cere *to ask for*
cert *certain*
a certa *to tell someone off*
a se certa *to argue*
ceva *something*
cheie, chei (f) *key*
chelner (m) *waiter*
a chema *to call*
chiar *even*
chioșc, -uri (n) *kiosk*
cine *who?*
cinema(tograf) (n) *cinema*
cineva *someone*
a citi (esc) *to read*
câine (m) *dog*
când *when?*
cârciumă, -i (f) *pub*
cârnat (m) *sausages*
cât *how much?, how many?*
closet *toilet*
club, -uri (n) *club*
coadă, cozi (f) *queue, tail*
coleg *colleague*
colț, -uri (n) *corner*
a comanda *to order*
comision, -oane (n) *errand*
comod *comfortable*
a completa (ez) *to complete*
concediu (n) *leave*
a se concentra (ez) *to concentrate*
confortabil *comfortable*
conservă, -e (f) *tin*
a considera *to consider*
cont, -uri (n) *account*
a conține *to contain*
convenabil *convenient*
a conveni *to suit*
copil (m) *child*
cort, -uri (n) *tent*
a costa *to cost*

Crăciun *Christmas*
a crea (ez) *to create*
a crede *to believe*
credit, -e (n) *credit*
cu *with*
cum *how?*
a cumpăra *to buy*
cumva *somehow*
a cunoaşte *to know*
curat *clean*
curând *soon*
curs, -uri (n) *course*
cuţit, -e (n) *knife*

da *yes*
dacă *if*
dar *but*
dată, -e (f) *date*
de *of, from*
deasupra *above*
de ce *why?*
deci *therefore*
decât *than*
a declara *to declare*
degeaba *in vain*
deja *already*
depinde *it depends*
a depune *to deposit*
a deranja (ez) *to disturb*
des *frequently*
deschis *open*
a descoperi *to discover*
a desena (ez) *to draw*
deseori *often*
despre *concerning*
devreme *early*
a se dezbrăca *to undress*
a dezvolta *to develop*
dialog, -uri (n) *dialogue*
dimineaţă, -eţi (f) *morning*
din nou *again*
direct *direct*
disc, -uri (n) *record*
discret *discreet*
discurs, -uri (n) *speech*
discuţie (f) *discussion*
divers *diverse*
doamna *Mrs*
doar *only*

doamnă, -e (f) *lady*
doctor (m) *doctor*
doctorie (f) *medicine*
domnitor (m) *ruler*
domnul *Mr*
a dori (esc) *to wish*
drăguţ *nice*
dreapta *right*
drog, -uri (n) *drug*
a duce *to carry*
dulce *sweet*
a dura (ez) *to last*
durere *pain*
duş *shower*

ea *she*
efort, -uri (n) *effort*
el *he*
elegant *elegant*
elev (m) *pupil*
ei *they*
a elibera (ez) *to free, to issue*
emisiune, -i (f) *broadcast*
englez *English(man), British*
episcop (m) *bishop*
eprubetă -e (f) *test-tube*

erou (m) *hero*
est (n) *east*
etaj, -e (n) *storey*
etichetă, -e (f) *label*
eu *I*
evreu (m) *Jew*
exact *axactly*
examen, -e (n) *examination*
a expedia (ez) *to send*
expoziţie (f) *exhibition*

a face *to do*
facultate (f) *college*
familie (f) *family*
fapt, -e (n) *fact*
far, -uri (n) *lighthouse*
farfurie (f) *plate*
farmacie (f) *chemist's*
fată, fete (f) *girl, daughter*
faţă, feţe (f) *face*
făină (f) *flour*
fără *without*
a felicita *to congratulate*

femeie, femei (f) *woman*
femeie de serviciu *maid*
fereastră, -estre (f) *window*
fericit *happy*
fiică (f) *daughter*
film, -e (n) *film*
film în culori *colour film*
fiu (m) *son*
foame (f) *hunger*
foarfecă (f) *scissor*
foarte *very*
foc, -uri (n) *fire*
a folosi (esc) *to use*
formular, -e (n) *form*
fost *former*
fotoliu (n) *armchair*
frate (m) *brother*
frică (f) *fear*
frig (n) *cold*
frânghie (f) *rope*
frontieră (f) *fromtier*
fruct, -e (n) *fruit*
frumos *beautiful*
a fugi *to flee*
fum (n) *smoke*
a fuma (ez) *to smoke*
a fura *to steal*
furculiță (f) *fork*

gară, gări (f) *station*
garaj, -e (n) *garage*
gard, -uri (n) *fence*
gata *ready*
gaz (n) *gas*
gazdă (f) *host*
a găsi (esc) *to find*
geantă, genți (f) *bag*
gem, -uri (n) *jam*
general *general*
genunchi (m) *knee*
ger (n) *frost*
gheață, -uri (f) *ice, icefloes*
a ghici (esc) *to guess*
ghid, -uri (n) *guidebook*
a gâdila *to tickle*
gând, -uri (n) *thought*
gât (n) *throat, neck*
glas, -uri (n) *voice*
glumă (f) *joke*

gogoașă, gogoși (f) *doughnut*
gol *empty, naked*
grai, -uri (n) *speech, dialect*
a se grăbi (esc) *to hurry*
grădină, -i (f) *garden*
grănicer (m) *border guard*
greșeală (f) *error*
greșit *wrong*
greu *difficult*
grijă (f) *care, concern*
gripă (f) *flu*
gros *thick*
groaznic *terrible*
grozav *terrific*
gură (f) *mouth*
guturai (n) *cold in the head*
guvern, -e (n) *government*

haină (f) *jacket, coat*
halat, -e (n) *dressing gown*
hamal (m) *porter*
hartă, hărți (f) *map*
hârtie (f) *paper*
a hoinări (esc) *to wander*
horă (f) *round dance*
hotel, -uri (n) *hotel*
hoț (m) *thief*
a hrăni (esc) *to feed*

iad (n) *hell*
iar *and, while*
iată *here is!*
iaurt, -uri (n) *yogurt*
ideal, -uri (n) *ideal*
ieftin *cheap*
a ierta *to forgive*
a ieși *to exit*
a-și imagina (ez) *to imagine*
imperiu (n) *empire*
impertinent *impertinent*
important *important*
impozit, -e (n) *tax*
incomod *inconvenience*
indiscret *indiscreet*
indispus *upset, off-colour*
inel, -e (n) *ring*
informații (f. pl) *information*
inginerie (f) *engineering*

inimă (f)   *heart*
injecţie (f)   *injection*
instalator (m)   *plumber*
insulă, -e (f)   *island*
inteligent   *intelligent*
interes, -e (n)   *interest*
a interzice   *to forbid*
a intra   *to enter*
a introduce   *to introduce*
a inunda   *to flood*
invadator (m)   *invader*
a invita   *to invite*
a iubi (esc)   *to love*
a izbucni (esc)   *to break out*
izvor, -oare (n)   *spring, source*

a îmbătrâni (esc)   *to grow old*
a se îmbrăca   *to get dressed*
a împăca   *to reconcile*
împărat (m)   *emperor*
a împiedica   *to hinder*
a împlini (esc)   *to accomplish*
împreună   *together*
în   *in*
în jur   *around*
înainte de   *before*
a încasa (ez)   *to cash*
a încerca   *to try*
încet   *slowly, softly (of sound)*
a închiria (ez)   *to hire*
închis   *closed*
închisoare, -ori (f)   *prison*
a încurca   *to confuse*
îndeosebi   *especially*
a înghiţi   *to swallow*
îngrijorat   *worried*
îngust   *narrow*
a înlocui (esc)   *to replace*
a înmulţi (esc)   *to multiply*
a înota   *to swim*
a însemna   *to mean*
a însoţi (esc)   *to accompany*
a se întinde   *to extend*
a întâlni (esc)   *to meet*
a se întâmpla   *to happen*
a întârzia   *to be late*
a se întoarce   *to return*
întotdeauna   *always*

într-adevăr   *indeed*
între   *between*
a întreba   *to ask*
a înţelege   *to understand*
învăţător (m)   *primary school teacher*

a jigni (esc)   *to hurt, to offend*
joc, -uri (n)   *game*
jos   *down*
pe jos   *on foot*
jumătate, -ăţi (f)   *half*

kilogram, -e (n)   *kilogramme*
kilometru (m)   *kilometre*

lacrimă, -i (f)   *tear*
lamă (f)   *blade*
lanţ, -uri (n)   *chain*
larg   *wide*
a lăsa   *to leave*
a lăuda   *to praise*
a lega   *to tie*
lege (f)   *law*
legume (f. pl)   *vegetables*
leu (m)   *lion, penny*
leucoplast (n)   *surgical plaster*
liber   *free*
librărie (f)   *bookshop*
liceu (n)   *secondary school*
licitaţie (f)   *auction*
lift, -uri (n)   *lift*
limbă, -i (f)   *language, tongue*
limonadă (f)   *lemonade*
lingură, -i (f)   *spoon*
linguriţă (f)   *teaspoon*
liră (f)   *pound*
litru (m)   *litre*
lângâ   *beside, near*
loc, -uri (n)   *place*
locuitor (m)   *inhabitant*
a lua   *to take*
a lucra (ez)   *to work*
lucru, -uri (n)   *thing*
lume (f)   *world, people*
lumină, -i (f)   *light*
lung   *long*
a se lupta   *to fight*

magazin, -e   *shop*
mai (mult)   *more*

mal, -uri (n)   *bank, shore*
mare   *big, large*
mare, mări (f)   *sea*
Marea Britanie   *Great Britian*
marfă, mărfuri (f)   *goods*
margine (f)   *edge*
masă, mese (f)   *table*
maşină, -i (f)   *car, engine*
măr, mere (n)   *apple*
măslină (f)   *olive*
măsură, -i (f)   *size*
mătuşă (f)   *aunt*
meci, -uri (n)   *match*
medic (m)   *doctor*
mereu   *continually*
a merge   *to go*
a merita   *to deserve*
mesaj, -e (n)   *message*
metrou (n)   *underground, metro*
metru (m)   *metre*
mic   *small*
miere (f)   *honey*
mijloc (n)   *middle*
milion, -oane (n)   *million*
minciună, -i (f)   *lie*
minte (f)   *mind*
minut, -e (n)   *minute*
a se mira   *to be surprised*
mâine   *tomorrow*
a mânca   *to eat*
mâncare, -ăruri (f)   *food*
moarte (f)   *death*
mult   *much*
a mulţumi (esc)   *to thank*
a munci (esc)   *to work*
munte (m)   *mountain*
murdar   *dity*
a se muta   *to move*
muzeu (n)   *museum*

naiv   *naive*
nas, -uri (n)   *nose*
a se naşte   *to be born*
naţiune (f)   *nation*
neam, -uri (n)   *people, race*
neamţ, nemţi (m)   *German*
neapărat   *without fail*
nebun   *mad*
necaz   *trouble*

a necăji (esc)   *to upset*
nedreptate, -ăţi (f)   *injustice*
negru   *black*
nenorocire (f)   *misfortune*
nepoată (f)   *niece, granddaughter*
nepot (m)   *nephew, grandson*
nerăbdare (f)   *impatience*
nevastă, neveste (f)   *wife*
nevoie (f)   *need*
nici   *nor*
niciodată   *never*
nimic   *nothing*
nivel, -e (n)   *level*
noapte, nopţi (f)   *night*
nord   *north*
a nota (ez)   *to note*
nou   *new*
nu   *no*
numai   *only*
număr, ere (n)   *number*
număr de telefon   *telephone number*
nume (n)   *name*

oaie, oi (f)   *sheep*
oarecum   *to a certain extent*
oaspete (m)   *guest*
obişnuit   *usual*
a obliga   *to compel*
a observa   *to observe*
ochi, ochi (m)   *eye*
a se ocupa   *to deal with*
ocupat   *busy*
odaie, odăi (f)   *room*
a se odihni (esc)   *to rest*
odată   *once*
a oferi   *to offer*
oficiu poştal (n)   *post office*
oglindă, oglinzi (f)   *mirror*
om, oameni (m)   *person*
a omorî   *to kill*
a opri (esc)   *to stop*
orar, -e (n)   *timetable*
oraş, -e (n)   *town*
oră (f)   *hour*
orb   *blind*
ordine (f)   *order*
a ordona   *to give an order to*
orez (n)   *rice*
orfelinat, -e (n)   *orphanage*

oricine   *anyone*
oricând   *anytime*
os, oase (n)   *bone*
oţet (n)   *vinegar*
ou, ouă (n)   *egg*

pachet, -e (n)   *packet*
pahar, -e (n)   *glass*
pantof (m)   *shoe*
papă, -i (m)   *pope*
parc, -uri (n)   *park*
parcă   *probably*
pardon   *excuse me*
a paria (ez)   *to bet*
pariu, -uri (n)   *bet*
partener (m)   *partner*
parter, -e (n)   *ground floor*
paşaport, -oarte (n)   *passport*
Paşte (m)   *Easter*
pat, -uri (n)   *bed*
păcat   *(it's a) pity*
păi   *Well!*
pământ, -uri (n)   *land*
păr (m)   *hair*
a părea   *to seem*
părinte (m)   *parent*
a păzi (esc)   *to guard*

pe   *on*
penicilină (f)   *penicillin*
pensie (f)   *pension*
pentru   *for*
pericol, -e (n)   *danger*
perioadă (f)   *period*
permis, -e (n)   *permit*
permis de conducere   *driving licence*
peste   *over, beyond*
peşte (m)   *fish*
a petrece   *to spend time*
petrecere (f)   *party*
piaţă, pieţe (f)   *market, square*
a picta (ez)   *to paint*
piept, -uri (n)   *breast, chest*
a pierde   *to lose*
piesă (f)   *play, piece*
piscină (f)   *swimming pool*
pistruiat   *freckled*
pâine (f)   *bread*
până   *until, up to*

plajă (f)   *beach*
plată, plăţi (f)   *payment*
a plăcea   *to please*
plămân (m)   *lung*
a pleca   *to leave*
a plictisi (esc)   *to bore*
plimbare (f)   *trip, walk*
plin   *full*
a se plânge   *to complain*
poate   *perhaps*
politicos   *polite*
popor, -oare (n)   *people*
portar (m)   *doorman*
poştă (f)   *post, mail*
poveste (f)   *story*
prăjitură, -i (f)   *tea cake*
prea   *too*
a presupune   *to suppose*
prieten (m)   *friend*
prin   *through*
a privi (esc)   *to look at*
prânz (n)   *lunch*
probabil   *probably*
probă (f)   *test*
profesie (f)   *profession*
profesor (m)   *professor*
program, -e (n)   *programme*
a provoca   *to provoke*
pungă, -i (f)   *plastic bag*
a purrta   *to carry*
puşti (m)   *young lad*
a putea   *to be able*
puţin   *(a) little*

radio, -uri (n)   *radio*
răbdare (f)   *patience*
răceală (f)   *cold*
răcoare (f)   *coolness*
a rămâne   *to remain*
răsărit (n)   *East*
răsfăţat   *spoiled*
rău   *bad*
război, -oaie (n)   *war*
recepţionist (m)   *receptionist*
a reclama   *to complain again*
rege (m)   *king*
relaţie (f)   *relation*
a repara   *to repair*
repede   *quickly*

a repira   *to breathe*
rest, -uri (n)   *change (money)*
restaurant, -e (n)   *restaurant*
a retrage   *to withdraw*
reţetă (f)   *receipe*
a rezerva   *to reserve*
rezervor, -oare (n)   *reservoir*
a rezolva   *to solve*
a ridica   *to raise*
rinichi (m)   *kidney*
râs, -ete (n)   *laughter*
râu, -uri (n)   *river*
robinet, -e (n)   *tap*
rochie (f)   *dress*
român   *Romanian man*
românesc   *Romanian*
rost, -uri (n)   *meaning, purpose*
roşie (f)   *tomato*
roşu   *red*
rudă (f)   *relation*
rugăciune (f)   *prayer*
rugină (f)   *rust*
rus (m)   *Russian man*
ruşine (f)   *shame*

sacrificiu (n)   *sacrifice*
sare, săruri (f)   *salt*
sat, -e (n)   *village*
sau   *or*
sănătate (f)   *health*
sănătos   *healthy*
săptămână, -i (f)   *week*
săpun, -uri (n)   *soap*
sărac   *poor*
scamator (m)   *conjurer*
a schimba   *to change*
a scoate   *to pull out*
a scrie   *to write*
scrisoare, -ori (f)   *letter*
scrumieră, -e (f)   *ashtray*
scump   *expensive, dear*
a se scuza   *to excuse oneself*
seară, seri (f)   *evening*
sec   *dry*
secol, -e (n)   *century*
secret, -e (n)   *secret*
semafor, -oare (n)   *traffic light*
seringă, -i (f)   *syringe*
a servi (esc)   *to serve*

serviciu (n)   *job*
sesiune (f)   *session*
sete (f)   *thirst*
sfat (n)   *advice*
a sfătui (esc)   *to advise*
sfert, -uri (n)   *quarter*
sfânt   *holy*
sfârşit, -uri (n)   *end*
sifon (n)   *soda water, soda syphon*
sigur   *certain*
simpatic   *nice*
simplu   *simple*
singur   *alone*
sirop   *cordial (drink)*
sistem, -e (n)   *system*
slab   *weak*
slăbiciune (f)   *weakness*
soare (m)   *sun*
somn (n)   *sleep*
soră, surori (f)   *sister*
sosire (f)   *arrival*
soţ (m)   *husband*
soţie (f)   *wife*
spate (n)   *back*
a spăla   *to wash*
spectacol, -e (n)   *show*
a spera   *to hope*
a se speria   *to be frightened*
spital, -e (n)   *hospital*
spre   *towards*
a spune   *to say*
a sta   *to stand, to sit*
stagiune (f)   *theatre season*
Statele Unite (n)   *United States*
staţie de benzină (f)   *petrol station*
stânga   *left*
stradă, străzi (f)   *street*
străinătate (f)   *abroad*
a se strica   *to be damaged*
stricat   *damaged*
a striga   *to shout*
student (m)   *student*
studentă (f)   *girl student*
sub   *under*
subţire   *thin*
suc, -uri (n)   *(fruit) juice*
suficient   *sufficient*
suflet, -e (n)   *soul*
a suna   *to ring*

surpriză (f)   *surprise*
sus   *above*

șampon (n)   *shampoo*
șanț, -uri (n)   *ditch*
șarpe (m)   *snake*
șaten   *brown*
școală, școli (f)   *school*
șervețel, -e (n)   *napkin*
șezlong, -uri (n)   *deckchair*
și   *and*
șosea, ele (f)   *highway*
ștecăr, -e (n)   *(electric) plug*
a ști   *to know*
știință (f)   *knowledge*
știre (f)   *item of news*
șuncă, -i (f)   *ham*

tablou, -uri (n)   *painting*
tacâm, -uri (n)   *place setting (at table)*
tare   *strong*
tată, tați (m)   *father*
taxi, -uri (n)   *taxi*
teamă (f)   *fear*
teatru, -e (n)   *theatre*
teleferic, -e (n)   *cable railway*
telefon, -oane (n)   *telephone*
a telefona (ez)   *to telephone*
telegramă (f)   *telegramme*
televizor, -oare (n)   *television*
tensiune (f)   *tension, blood pressure*
teren, -uri (n)   *land*
a termina   *to finish*
tichet, -e (n)   *ticket*
timbru, -e (n)   *stamp*
timp, -uri (n)   *time*
tip (m)   *guy*
tirbușon, -oane (n)   *corkscrew*
tânăr   *young*
târziu   *late*
a toci (esc)   *to grind, to work hard*
tocmai   *exactly*
tot(ul)   *all*
a transmite   *to transmit*
tratament, -e (n)   *treatment*
a trăi (esc)   *to live*
treabă, -uri (f)   *business, task*
treaptă, trepte (f)   *step*
a trebui   *to be necessary*
trecător (m)   *passer-by*
a trece   *to pass*

trecut (n)   *past*
tren, -uri (n)   *train*
a trezi (esc)   *to wake up*
a trimite   *to send*
tuns (n)   *haircut*
turc (m)   *Turk*
tuse (f)   *cough*
a tuși (esc)   *to cough*
tutungerie (f)   *tobacconist's*

țară, țări (f)   *country*
țeapă, țepi (f)   *stake*
țel, -uri (n)   *aim, intention*
țigară   *cigarette*

a uita   *to forget*
a se uita la   *to look at*
uite!   *look!*
ulei, -uri (n)   *oil*
umbrelă (f)   *umbrella*
a umple   *to fill*
unchi (m)   *uncle*
un, o   *a*
unde?   *where?*
ungur (m)   *Hungarian*
unire (f)   *union*
a urca   *to climb*
a urma (ez)   *to follow*
urmaș (m)   *follower*
următor   *following*
uscat   *dry*
ușă, -i (f)   *door*
ușor   *easy*

vacanță (f)   *holiday*
vaccin, -e (n)   *vaccination*
vagon de dormit (n)   *sleeping car*
valabil   *valid*
valiză (f)   *suitcase*
valută (f)   *hard currency*
vamă (f)   *customs*
vameș (m)   *customs officer*
văr, veri (m)   *cousin*
vechi   *old*
vecin (m)   *neighbour*
a vedea   *to see*
verde   *green*
a verifica   *to check*
verișoară (f)   *female cousin*
viață, vieți (f)   *life*
viitor (n)   *future*

vin, -uri (n)   *wine*
vis, -e/-uri (n)   *dream*
a visa (ez)   *to dream*
vitamină (f)   *vitamin*
viză (f)   *visa*
vânt, -uri (n)   *wind*
voce (f)   *voice*
voiaj   *journey*
a vorbi (esc)   *to speak*
a vrea   *to want*
vreme (f)   *time, weather*
vreun, vreo   *a, any*

WC (n)   *toilet*

zău   *really!*
zi, zile (f)   *day*
ziar, -e (n)   *newspaper*
ziarist (m)   *journalist*
a zidi (esc)   *to build*
a zâmbi (esc)   *to smile*
zvon, -uri (n)   *rumour*
a zvoni (esc)   *to rumour*

ENGLISH–ROMANIAN VOCABULARY

Note that the meanings of Romanian items under the same entry are not distinguished. Priority has been given to those words used in the dialogues, but additional words in frequent use have been added to increase your scope for conversation.

The word lists in each unit specify the nature of each noun, i.e. whether it is masculine, feminine or neuter. In this list you should remember the following points:

1 Unless otherwise stated, all nouns ending in -ă, -a and -ie are feminine;
2 All other nouns are neuter, unless otherwise indicated;
3 Some feminine plural endings are given in round brackets, i.e. **barcă (bărci)**.

a, an   un, o, vreun, vreo
to be able   a putea
about   despre, cam
above   deasupra
abroad   în străinătate
to accept   a primi
accident   accident
accustomed (to)   obișnuit (cu, să)
ache   durere
across   peste
actually   de fapt
address   adresă
advice   sfat
airplane   avion
after   după (ce)
after that   după aceea
afternoon   după-amiază
again   din nou
ago   acum
agreed   s-a făcut, de acord
air   aer
airport   aeroport
all   tot(ul), toți
all right   bine

almost   aproape
alone   singur
already   deja
also   și, mai, de asemenea
although   deși
American   american (m)
and   și
and so on   și așa mai departe
annoyed   supărat
to answer   a răspunde
anyhow   în orice caz
apartment   apartament
apartment block   bloc
to apologise   a-și cere scuze
appetite   poftă
apple   măr (m)
arm   braț
to arrive   a sosi
as   ca, deoarece
to ask   a cere
to ask a question   a pune o întrebare
ashtray   scrumieră
aspirin   aspirină
assistance   ajutor

at la
at home acasă
at last în sfârșit
Australian australian (m)

baby copil (m)
back spate
bad rău, prost
bag geantă
ball minge
bandage pansament
bank bancă (bănci)
banknote bancnotă
bar bar
barber frizer (m)
bathing costume costum de baie
bathroom baie
battle luptă
to be a fi
beach plajă (plăji)
to beat a bate
beautiful frumos
because fiindcă
to become a deveni
bed pat
to go to bed a se culca
bedroom dormitor
beef carne de vacă
beer bere
before înainte (de)
to begin a începe
to believe a crede
below jos
bench bană (bănci)
better mai bun, mai bine
between între
big mare
bill notă de plată
bird pasăre (păsări) (f)
black negru
blade lamă
blouse bluză
to blow a bate, a sufla
blue albastru
boat vas, barcă (bărci)
book carte
to book a reține
bookshop librărie
both amândoi

bottle sticlă
box ladă (lăzi)
boy băiat (băieți) (m)
bread pâine
to break a strica
breast sân (m)
bridge pod
to bring a aduce
British englez, britanic
brother frate (m)
brush perie
building clădire
bus autobuz
bus-stop stație de autobuz
busy ocupat
but dar
butter unt
to buy a cumpăra

cafe cofetărie
cake prăjitură, tort
to call a chema
to call on a vizita
can a putea
camera apartat de fotografiat
can (tin) conservă
car mașină
care grijă
to take care of a îngriji
careful atent
to carry a duce
case caz
to cash a încasa
cash-desk casă
cat pisică
cause cauză
centre centru
century secol
certain sigur
chair scaun
chance șansă
by chance din întâmplare
to change a schimba
cheap ieftin
cheers! noroc!
chemist's farmacie
child copil (m)
chips cartofi prăjiți
chocolate ciocolată

to choose   a alege
Christmas   Crăciun
church   biserică
cigarette   ţigară
cinema   cinema (n)
circle   cerc
city   oraş
class   clasă
client   client (m)
to climb   a urca
clean   curat
clinic   policlinică
clock   ceas
to close   a închide
close to   lângă
clothes   haine
coast   coastă
coat   pardesiu, palton
coffee   cafea
cold   frig, rece
to catch a cold   a răci
colour   culoare
colour film   film în culori
to come   a veni
concerning   apropo de
conversation   conversaţie
to cook   a găti
copy   exemplar
corner   colţ
around the corner   după colţ
to cost   a costa
cotton-wool   bumbac
country   ţară
course   curs
covered   acoperit
cow   vacă
crowd   mulţime
cup   ceaşcă (ceşti)
custom   obicei
customs   vamă
to cut   a tăia

daily   zilnic
danger   pericol
date   dată
daughter   fată, fiică
day   zi
dear   drag, scump
to decide   a hotări

deep   adânc
to defeat   a învinge
dentist   dentist (m)
department store   magazin universal
departure   plecare (plecări)
to deserve   a merita
desk   birou
dictionary   dicţionar
to die   a muri
diferent   deosobit
difficult   greu
dinning-room   sufragerie
direct   direct
dirty   murdar
distance   distanţă
district   regiune
to do   a face
doctor   doctor (m)
dog   câine
dollar   dolar (m)
door   uşă
to draw   a desena
dress   rochie
drink   băutură
to drink   a bea
drinking water   apă potabilă
to drive   a conduce
driving licence   permis de conducere
dry   uscat
to dye   a vopsi

each   fiecare
ear   ureche
early   devreme
to earn   a câştiga
earth   pământ
easily   uşor
east   răsărit, est
Easter   Paşte (m)
easy   uşor
to eat   a mânca
egg   ou
embassy   ambasadă
empty   gol
encouragement   încurajare
end   sfârşit
in the end   în cele din urmă
English   englez
English language   limba engleză

to enjoy oneself   a petrece bine
enormous   enorm
enough   destul (de)
to enter   a intra
envelope   plic
error   greşeală
especially   mai ales
even   chiar
evening   seară
every   fiecare
exactly   exact
for example   de exemplu
exept for   în afară de
excuse   scuză
expensive   scump
expression   expresie
eye   ochi (m)

face   faţă
fact   fapt
in fact   de fapt
to fall   a cădea
family   familie
famous   celebru
far   departe
as far as   până la
fast   repede
fat   gras
father   tată (m)
fax   telefax
to feel   a se simţi
to feel like   a avea chef să
few   puţini
film   film
to find   a găsi
to finish   a termina
fire   foc
first   mai întâi
the first   primul
fish   peşte
flat   apartament
floor   etaj
flower   floare
to follow   a urma, a urmări
food   mâncare
food-shop   alimentară
fool(ish)   prost
foot   picior (picioare)
football   fotbal

for   pentru
foreigner   străin
to forget   a uita
free   liber
French   francez
fresh   proaspăt
friend   prieten (m)
to frighten   a speria
front   faţă
in front   în faţă
frost   ger
full   plin
in the future   pe viitor

game   joc
garden   grădină
gate   poartă
general   general
German   neamţ (m)
to get   a lua
to get in   a se urca în
to get off   a coborî
to get up   a se scula
gift   cadou
girl   fată
to give   a da
glad   bucuros
glass (drinking)   pahar
glasses   ochelari
to go   a merge, a se duce
to go in   a intra
to go out   a ieşi
God   Dumnezeu
gold   aur
good   bun, bine
good at   bun, tare la
good evening   bună seara
good morning   bună dimineaţa
good night   noapte bună
goodwill   bunăvoinţă
goodbye   la revedere
granddaughter   nepoată
grandparent   bunic (m)
grandson   nepot (m)
grass   iarbă
great   mare
green   verde
grey   gri
grilled   la grătar

grocer's alimentară
ground pământ
to guess a ghici
guest oaspete (m)
guide, guide-book ghid

habit obicei
hair păr
haircut tuns
to have a haircut a se tunde
hairdresser's (ladies) salon de coafură
hairdresser's (men's) frizer
half jumătate
hall(way) hol
hand mână (mâini)
handbag poşetă
to happen a se întîmpla
happy fericit
happy birthday, New Year la mulţi ani!
hard greu
hardly abia
hat pălărie
to have a avea
head cap
headache durere de cap
health sănătate
to hear a auzi
to hear about a afla
heart inimă
by heart pe dinafară
heat căldură
heaven cer
heavy greu
help ajutor
here aici
here is iată
to hide a ascunde
high înalt
high up sus
hill deal
to hire a închiria
history istorie
to hold a ţine
holiday vacanţă
home acasă
to hope a spera
horse cal (m)

hospital spital
hot cald
hotel hotel
hour oră
house casă
how cum
hundred sută
to hurry a se grăbi
husband soţ (m)

I eu
ice gheaţă
ice-cream îngheţată
idea idee
if dacă
ill bolnav
immediately imediat
impatience nerăbdare
important important
impression impresie
in în
in order to ca să
incidentally apropo
indeed chiar
information informaţie
inside înăuntru
instead of în loc de
insurance asigurare
invitation invitaţie
to invite a invita
iron fier
item articol

jam gem
jar borcan
to join a adera la, a uni
joke glumă, banc
journal revistă
journey călătorie
jug cană
juice suc
to jump a sări
just chiar, tocmai

to keep a ţine
key cheie, (chei)
kidney rinichi (m)
kilogram kilogram
kilometre kilometru
kind bun, amabil

king rege (m)	*to live* a locui, a trăi
to kiss a săruta	*London* Londra
kit echipament	*long* lung
kitchen bucătărie	*to look (at)* a se uita (la)
knife cuţit	*to look for* a căuta
to knock a bate	*to lose* a pierde
to know a şti	*love* dragoste
to get to know a se învăţa cu	*to love* a iubi
to know (person) a cunoaşte	*luck* noroc
knowledge ştiinţă	*luggage* bagaj
	lunch prânz
ladies femei, doamne	
lake lac	*machine* maşină
lamp lampă	*to be made* a se face
land ţară	*made of* făcut din
language limbă	*magazine* revistă
large mare	*maid* femeie de serviciu
late târzui	*mail* poşta
to laugh a râde	*to make* a face
lavatory closet, WC	*man* bărbat (m)
law lege	*many* mulţi
to learn a învăţa	*map* hartă (hărţi)
at least cel puţin	*mark* notă
leave concediu	*market* piaţă
to leave a pleca	*to get married* a se căsători
to leave behind a uita	*match* chibrit
left stâng	*matter* chestiune
leg picior	*it doesn't matter* nu face nimic
lemon lămâie	*what's the matter?* ce este?
lemonade limonadă	*maybe* poate
less mai puţin	*meal* masă
to let a lăsa	*to mean* a însemna
letter scrisoare	*meanwhile* între timp
library bibliotecă	*meat* carne (cărnuri)
life viaţă	*medicine* doctorie
lift lift	*to meet* a se întâlni
light lumină	*to mend* a repara
to light a aprinde	*menu* listă de bucate
lighter brichetă	*method* metodă
light bulb bec	*middle* mijloc
light weight uşor	*milk* lapte (m)
to like a plăcea	*mineral water* apă minerală
like this în felul acesta	*minute* minut
lion leu (m)	*to miss the train* a pierde trenul
list listă	*mistake* greşeală
to listen to a asculta	*to mix up* a se încurca
little amount puţin	*modern* modern
little size mic	*moment* moment
litre litru (m)	*money* bani

month lună	*number* număr
moon lună	
more mai mult	*to obey* a asculta
morning dimineață	*object* obiect
mother mamă	*occasion* ocazie
mountain munte (m)	*occupied* ocupat
mouth gură	*to occur* a se întâmpla
Mr domnul	*odd* curios
Mrs doamna	*of* de
much mult	*of course* bineînțeles
museum muzeu	*office* birou
music muzică	*often* adesea
must a trebui să	*oh* vai
mustard muștar	*oil* ulei
	old (people) bătrân
name nume (n)	*old (objects)* vechi
namely anume	*old man* bătrân
nasty neplăcut	*old woman* bătrână
national național	*olive* măslină
near to lângă	*olive oil* ulei de măsline
nearby aproape	*on* pe
nearly aproape	*once* odată
neck gât	*one* unul, una
need nevoie	*only* numai
to need a avea nevoie de	*to open* a deschide
needle ac	*open* deschis
neighbour vecin (m)	*or* sau
nephew nepot	*to order* a comanda
never niciodată	*ordinary* obișnuit
new nou	*other* alt
newspaper ziar	*outside* afară
next viitor	*out of order* stricat
nice drăguț	*over there* acolo
niece nepoată	*to owe* a datora
night noapte	*to own* a poseda
last night aseară	
night club bar de noapte	*to pack* a face bagajele
nil zero	*packet* pachet
no nu	*pain* durere
no one nimeni	*to paint* a vopsi
north nord	*painting* tablou
nose nas	*paper* hârtie
not nu	*pardon?* poftim?
note notă, bancnotă	*park* parc
note-book carnet	*to park* a parca
nothing nimic	*parking-place* loc de parcare
to notify a anunța	*part* parte (părți)
novel roman	*to pass* a trece
now acum	*passport* pașaport

past   trecut
payment   plată (plăţi)
peak   vârf
pen   stilou
pencil   creion
penknife   briceag
people   oameni
pepper   piper
perfect   perfect
perhaps   poate
periodical   revistă
permission   voie
person   persoană
petrol   benzină
petrol station   staţie de benzină
photograph   fotografie
piece   bucată
pig   porc (m)
pill   pilulă
it's a pity   păcat
place   loc
plain   simplu
plan   plan
plane   avion
platform   peron
(adhesive) plaster   leucoplast
play   piesă
to play   a se juca
pleasure   plăcere
plug (electric)   ştecăr
plum   prună
pocket   buzunar
police   poliţie
poor   sărac
port   port
porter   hamal (m)
possible   posibil
to post   a expedia prin poştă
post office   oficiu poştal
postage stamp   timbru
pound   liră sterlina
powder   pudră
to prefer   a prefera
present   cadou
price   preţ
priest   preot (m)
programme   program
to promise   a promite
to pull   a trage

to push   a împinge
to put   a pune

quantity   cantitate
quarter   sfert
question   întrebare
queue   coadă
quick   repede
quiet   liniştit
quite   destul de

radio   radio
railway   cale ferată
to rain   a ploua
rain   ploaie (ploi)
raincoat   haină de ploaie
rarely   rar
rather   mai bine
razor   aparat de ras
to reach   a ajunge la
to read   a citi
ready   gata
to receive   a primi
recently   de curând
record   disc
red   roşu
to reduce   a reduce
regarding   privitor la
region   regiune
to rent   a închiria
to repair   a repara
to reply   a răspunde
to request   a cere
to reserve   a rezerva
restaurant   restaurant
rest   pauză
result   rezultat
to remain   a reţine
to return   a se întoarce
rice   orez
rich   bogat
right   dreapta
to be right   a avea dreptate
ring   inel
to ring   a suna
river   râu
road   drum
roll   chiflă
Romanian   român, românesc

room cameră	*soda water* sifon
rope frânghie	*somehow* oarecum
	sometimes uneori
sad trist	*son* băiat, fiu
salad salată	*song* cântec
salt sare	*sorry* pardon
the same as la fel ca	*sort* fel
sand nisip	*soup* supă
sandwich sandviş	*south* sud
sausage cârnat (m)	*to speak* a vorbi
to say a spune	*sport* sport
scenery peisaj	*spring* primăvară
school şcoală	*square (shape)* pătrat
scissors foarfecă	*stamp* timbru
sea mare	*to stand* a sta
seat loc	*station* gară
to see a vedea	*to steal* a fura
to seek a căuta	*steel* oţel
seldom rar	*still* încă
self-service autoservire	*to stop* a opri
to send a trimite	*storm* furtună
serious serios	*story* povestire (f)
shampoo şampon	*straight* drept
to shave a se rade	*straight on* drept înainte
she ea	*strange* ciudat
shirt cămaşă (cămăşi)	*street* stradă (străzi)
shoe pantof	*strong* tare
shop magazin	*student* student
short scurt	*stupid* prost
show spectacol	*to succeed in* a reuşi să
shower duş	*sugar* zahăr
sick bolnav	*suit* costum
sign semn	*suitcase* geamantan
silver argint	*summer* vară
simple simplu	*sun* soare (m)
sin păcat	*sunburn* arsura de soare
to sing a cânta	*switch* întrerupător
sister sora	*to switch off* a stinge
to sit a sta	*to switch on* a aprinde
size măsură	*system* sistem
skiing schi	
skirt fustă	*table* masă
sky cer	*to take* a lua
to sleep a dormi	*talk* conversaţie
sleeper vagon de dormit	*tall* înalt
slow încet	*tap* robinet
small mic	*taxi* taxi
to smoke a fuma	*tea* ceai
snow zăpadă	*teach* a învăţa
soap săpun	*telegram* telegramă
so many atâţia	*telephone* telefon

telephone number număr de telefon
television televizor
telex telex
than ca
to thank a mulțumi
thanks mulțumesc
theatre teatru
then atunci
therefore deci
thin subțire
thing lucru
to think a crede
thought gând
thousand mie
throat gât
to throw a arunca
ticket bilet
time timp
timetable orar
tip bacșiș
tired obosit
to la
tobacconist's tutungerie
today azi
toilet WC
tomorrow mâine
tongue limbă
too prea
tooth dinte (m)
toothbrush perie de dinți (f)
tourist turist
towards spre
towel prosop
town oraș
train tren
translate a traduce
tree pom (m)
trousers pantaloni
true adevărat

ugly urâ
umbrella umbrelă
under sub
to understand a înțelege
unfortunately din păcate
United States Statele Unite
until până când

up sus
upset necăjit, supărat
urgent urgent
to use a folosi
useful folositor
usual obișnuit

vacant liber
vaccination vaccin
valid valabil
vegetables legume
very foarte
village sat
visa viză
visit vizită

to wait a aștepta
waiter chelner (m)
to walk a merge pe jos
wall perete
to want a vrea
warm cald
watch ceas
water apă
way drum, fel
weather vreme
week săptămână
well bine
when? când?
where? unde?
who? cine?
why? de ce?
wind vânt
wine vin
with cu
to write a scrie
wrong greșit

yard curte
year an
yellow galben
yes da
yesterday ieri
yet încă
young tânăr

zip fermoar

GRAMMATICAL INDEX

This index covers grammatical points raised in the units under the sections **Explicaţii** and is not intended to be exhaustive. The introduction to each unit also acts as a grammatical guide.

TEACH YOURSELF

SERBO-CROAT
David Norris

This is a complete course in spoken and written Serbo-Croat. If you have never learnt Serbo-Croat before or if you want to improve on existing skills, then *Teach Yourself Serbo-Croat* is for you.

David Norris has created a practical course that is both fun and easy to work through. He explains everything clearly along the way and gives you plenty of opportunities to practise what you have learnt. The course structure means that you can work at your own pace, arranging your learning to suit your needs.

Based on the Council of Europe's Threshold guidelines on language learning, the course contains:

- eighteen carefully graded units of dialogues, culture notes, grammar and exercises
- a pronunciation guide
- a grammar summary
- a Serbo-Croat/English vocabulary list

By the end of the course you'll have the language skills and knowledge you need to deal confidently with a whole range of situations.

Other related titles

BEGINNER'S RUSSIAN
Rachel Farmer

Do you really want to learn Russian? Do classes terrify you and other coursebooks overwhelm you? Then *Teach Yourself Beginner's Russian* is for you!

Rachel Farmer has written a friendly introduction to Russian that is easy right the way through. It is in two parts. The first teaches you the basic language you will need, with lively dialogues, explanations and vocabulary. In the second you move on to practising what you have just learnt in a range of real-life situations.

Beginner's Russian is ideal for you because:

- Everything is explained in simple English
- There are hints throughout to make learning Russian easy
- What you learn is useful right from the start
- There are special sections on the Russian alphabet
- A quick pronunciation section starts you speaking
- There are plenty of varied and entertaining exercises and activities
- There are lots of illustrations to help your learning

It is never difficult or boring, so you will be able to relax and enjoy your first taste of Russian.

ty TEACH YOURSELF

CZECH
David Short

This is a complete course in spoken and written Czech. If you have never learnt Czech before or if you want to improve on existing skills, then *Teach Yourself Czech* is for you.

David Short has created a practical course that is both fun and easy to work through. He explains everything clearly along the way and gives you plenty of opportunities to practise what you have learnt. The course structure means that you can work at your own pace, arranging your learning to suit your needs.

Based on the Council of Europe's Threshold guidelines on language learning, the course contains:

- twenty carefully graded units of dialogues, culture notes, grammar and exercises
- a pronunciation guide
- a grammar summary
- a Czech/English vocabulary list

By the end of the course you'll have the language skills and knowledge you need to deal confidently with a whole range of situations.